나의 하루 1줄

여행
스페인어

쓰기 수첩

외국어는
매일의 습관입니다!

여행 스페인어

쓰기 수첩

시대인

하루 1줄 쓰기의 힘

세상은 책 한 권이고,
여행을 하지 않는 자는
책의 한 장만 읽는 것이나 다름없다.

El mundo es un libro y
aquellos que no viajan solo
leen una página.

스페인, 멕시코, 아르헨티나, 칠레 등
스페인어권 나라 여행을 앞두고 있다면
설렘보다는 걱정이 앞설 거예요.
영어가 통하지 않아 여행을 망칠까 말이지요.
하지만 걱정하지 마세요!

스페인어 '공부'가 아닌
여행의 '즐거움'을 떠올려 보세요.

하루 1줄 여행 스페인어를 따라 쓰면서
여행의 기분 좋은 긴장을 느껴 보세요.
완벽한 스페인어가 아니더라도 괜찮아요.
여행의 걸음걸음을 해치지 않을 정도의
간단하고 필수적인 표현을 익히는 거예요.

낯선 여행자에게 여유를 선물하는
나의 하루 1줄 여행 스페인어!

여행지에서 하고 싶은 바로 그 말!
실제로 겪을 수 있는 상황을 그려 보며
실용적인 표현을 익혀 보세요.
스페인어 발음이 한글로 표기되어 있어
스페인어를 몰라도 현지 사람들과 의사소통할 수 있어요.

How to use it

쓰기 수첩 활용법

___월 ___일 ☀ ☁ ☂ ☃

1

가까운 길로 가 주시겠어요?

뿌드리아 이르 뽀르 엘 까미노 마스 꼬르또, 뽀르 파보르
¿Podría ir por el camino más corto, por favor?

원어민 MP3와
트레이닝 영상
무료 제공
▶ QR코드를
찍어보세요!

2

🎧 음성을 듣고 따라 말하며 써 보세요.

☑ ¿Podría ir por el camino más corto, por favor?

☐ _____

☐ _____

3

📣 이런 표현도 있어요.

❶ 이 주소 근처로 가 주세요.

예베메 쎄르까 데 에스따 디렉씨온, 뽀르 파보르
☐ Lléveme cerca de esta dirección, por favor.

❷ 더 빨리 가 주세요.

바야 마스 라삐도, 뽀르 파보르
☐ Vaya más rápido, por favor.

77

❶단계 하루 1문장씩 입으로 술술

여행 필수 회화 표현을 하루 1문장씩 상황별로 익혀 나갑니다. 몸에 익도록 귀로
듣고 큰 소리로 따라 말해 봅니다.

❷단계 손으로 쓰면서 머릿속에 쏙쏙

그날 배운 필수 회화 문장을 따라 쓰며 기억합니다. 머릿속에 새겨지도록 귀로 듣고,
입으로 말하며, 손으로 써 봅니다.

❸단계 비슷한 표현도 한 번에 척척

그날 배운 표현과 관련된 문장을 새롭게 익힙니다. 음성을 듣고 큰 소리로 따라 말해
봅니다.

스페인어의 매력에 빠졌다면, 체계적인 단계별 쓰기 훈련을 해 보세요!

기초문장 100

중급문장 100

고급문장 100

QR코드를
찍어보세요!

본 교재로 독학을 하는 학습자들을 위해 저자 직강 유튜브 동영상 강의를 무료로 제공합니다.

Contents

쓰기 수첩 차례

1

기본 표현

PRESENTACIÓN

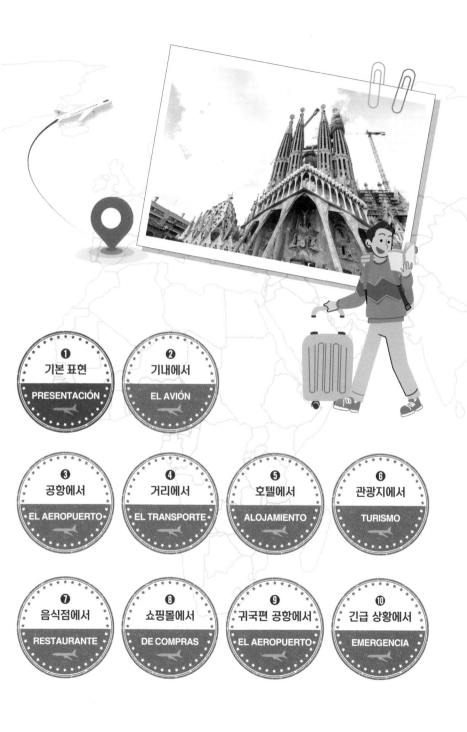

❶ 기본 표현
PRESENTACIÓN

❷ 기내에서
EL AVIÓN

❸ 공항에서
EL AEROPUERTO

❹ 거리에서
EL TRANSPORTE

❺ 호텔에서
ALOJAMIENTO

❻ 관광지에서
TURISMO

❼ 음식점에서
RESTAURANTE

❽ 쇼핑몰에서
DE COMPRAS

❾ 귀국편 공항에서
EL AEROPUERTO

❿ 긴급 상황에서
EMERGENCIA

안녕하세요!

올라
¡Hola!

🎧 **음성을 듣고 따라 말하며 써 보세요.**

☑ ¡Hola!

☐ _____

☐ _____

🔊 **이런 표현도 있어요.**

❶ 안녕!

아디오스
☐ Adiós.

_____

❷ 다음에 만나요!

아스따 루에고
☐ Hasta luego.

_____

14

___월 ___일 ☀ ☁ ☂ ❄

감사합니다.

그라씨아스
Gracias.

🎧 **음성을 듣고 따라 말하며 써 보세요.**

☑ Gracias.

☐ _____

☐ _____

🔊 **이런 표현도 있어요.**

❶ 미안합니다.

로 시엔또
☐ Lo siento.

_____

❷ 실례합니다!

빼르돈
☐ ¡Perdón!

_____

___월 ___일

제 이름은 루시아입니다.

메 야모 루시아

Me llamo Lucía.

🎧 음성을 듣고 따라 말하며 써 보세요.

☑ Me llamo Lucía.

☐ _____

☐ _____

🔊 이런 표현도 있어요.

❶ 제 이름은 루시아예요. 당신은요?

메 야모 루시아. 이 우스뗏

☐ Me llamo Lucía. ¿Y usted?

❷ 당신 이름이 뭐예요?

꼬모 쎄 야마

☐ ¿Cómo se llama?

___월 ___일

저는 한국인입니다.

쏘이 꼬레아노
Soy coreano.

🎧 음성을 듣고 따라 말하며 써 보세요.

☑ Soy coreano.

☐ _____

☐ _____

🔊 이런 표현도 있어요.

❶ 당신은 어느 나라 사람이에요?

데 돈데 에스 우스뗏

☐ ¿De dónde es usted?

_____

❷ 저는 한국 출신입니다.

쏘이 데 꼬레아 델 쑤르

☐ Soy de Corea del sur.

_____

얼마예요?

꾸안또 에스

¿Cuánto es?

🎧 음성을 듣고 따라 말하며 써 보세요.

☑ ¿Cuánto es?

☐ _____

☐ _____

📢 이런 표현도 있어요.

❶

1 우노 uno	2 도스 dos	3 뜨레스 tres	4 꾸아뜨로 cuatro	5 씽꼬 cinco
6 쎄이스 seis	7 씨에떼 siete	8 오초 ocho	9 누에베 nueve	10 디에스 diez

❷ 너무 비싸네요, 좀 싸게 해 주세요.

에스 무이 까로, 운 데스꾸엔또, 뽀르 파보르

☐ Es muy caro, un descuento, por favor.

물 한 잔 주세요.

데메 운 바소 데 아구아, 뽀르 파보르
Deme un vaso de agua, por favor.

🎧 음성을 듣고 따라 말하며 써 보세요.

☑ Deme un vaso de agua, por favor.

☐ _____

☐ _____

📢 이런 표현도 있어요.

❶ 메뉴판 주세요.

데메 엘 메누, 뽀르 파보르

☐ Deme el menú, por favor.

_____

❷ 이거랑 이거, 이걸로 주세요.

데메 에스또, 에스또 이 에스또, 뽀르 파보르

☐ Deme esto, esto y esto, por favor.

_____

 ___월 ___일 ☀ ☁ ☂ ☃

다시 한 번 말해 주시겠어요?

뿌에데 레뻬띠르 오뜨라 베스
¿Puede repetir otra vez?

🎧 **음성을 듣고 따라 말하며 써 보세요.**

☑ ¿Puede repetir otra vez?

☐ _____

☐ _____

🔊 **이런 표현도 있어요.**

❶ 좀 천천히 말해 주시겠어요?

뿌에데 아블라르 마스 데스빠씨오
☐ ¿Puede hablar más despacio?

❷ 이 주소로 가 주시겠어요?

뿌에데 예바르메 아 에스따 디렉씨온
☐ ¿Puede llevarme a esta dirección?

이건 스페인어로 어떻게 말해요?

꼬모 쎄 디쎄 에스또 엔 에스빠뇰
¿Cómo se dice esto en español?

🎧 음성을 듣고 따라 말하며 써 보세요.

☑ ¿Cómo se dice esto en español?

☐

☐

🔊 이런 표현도 있어요.

❶ 이건 어떻게 사용해요?

꼬모 쎄 우사 에스또

☐ ¿Cómo se usa esto?

❷ 이건 어떻게 먹어요?

꼬모 쎄 꼬메 에스또

☐ ¿Cómo se come esto?

어디에서 표를 사나요?

돈데 뿌에도 꼼쁘라르 운 비예떼
¿Dónde puedo comprar un billete?

🎧 **음성을 듣고 따라 말하며 써 보세요.**

☑ ¿Dónde puedo comprar un billete?

☐ _____

☐ _____

📣 **이런 표현도 있어요.**

❶ 어디에서 돈을 내나요?

돈데 뿌에도 빠가르

☐ ¿Dónde puedo pagar?

_____

❷ 어디에서 인터넷을 할 수 있나요?

돈데 뿌에도 꼬넥따르메 아 인떼르넷

☐ ¿Dónde puedo conectarme a internet?

_____

_____월 _____일 ☀ ☁ ☂ ☼

언제 도착해요?

꾸안도 예가모스
¿Cuándo llegamos?

🎧 음성을 듣고 따라 말하며 써 보세요.

☑ ¿Cuándo llegamos?
_____

☐ _____

☐ _____

📢 이런 표현도 있어요.

❶ 언제 문을 열어요?

꾸안도 아브렌
☐ ¿Cuándo abren?
_____

_____

❷ 언제 끝나요?

꾸안도 떼르미나
☐ ¿Cuándo termina?
_____

_____

23

인사말

안녕!	¡Hola!	올라
좋은 아침입니다!	¡Buenos días!	부에노스 디아스
좋은 오후입니다!	¡Buenas tardes!	부에나스 따르데스
좋은 밤입니다!	¡Buenas noches!	부에나스 노체스
감사합니다.	Gracias.	그라씨아스
천만에요.	De nada.	데 나다
죄송합니다.(잠시만요)	Perdón.	뻬르돈
실례합니다.	Disculpe.	디스꿀뻬
괜찮습니다.	No pasa nada.	노 빠사 나다
네.	Si.	씨
아니요.	No.	노
뭐라고요?(되물음)	¿Qué tal?	께 딸
어떻게 지내세요?	¿Cómo está usted?	꼬모 에스따 우스뗏
잘 지내요.	Muy bien.	무이 비엔
이름이 뭐예요?	¿Cómo se llama usted?	꼬모 쎄 야마 우스뗏
제 이름은 까를로스예요.	Me llamo Carlos.	메 야모 까를로스
저는 한국 출신입니다.	Soy de Corea del sur.	쏘이 데 꼬레아 델 쑤르
천천히 말해 주실래요?	¿Me puede hablar despacio, por favor?	메 뿌에데 아블라르 데스빠씨오, 뽀르 파보르

 **트립 어드바이스** ## 짐 꾸리기 노하우

안전하고 즐거운 여행을 위해서는 꼭 필요한 짐과 불필요한 짐을 나눠 효율적으로 꾸리는 것이 좋습니다. 그런데 여행하는 곳이 국내가 아닌 해외라면 더 신경 써서 준비해야 할 것들이 많지요.

✈ 짐 꾸리기 노하우

- 수하물로 부칠 캐리어 1개, 휴대용 가방 1개를 준비합니다.
- 무거운 짐은 아래쪽으로, 가벼운 짐은 위쪽으로 놓습니다.
- 옷은 찾기 쉽게 말아서 넣습니다.
- 비상약, 속옷, 화장품 등 아이템별로 주머니에 담습니다.
- 화장품은 샘플이나 미니 사이즈를 활용합니다.
- 나라별로 콘센트를 확인하여 어댑터를 준비합니다.

※ 스페인의 여름은 습도가 낮아서 햇볕만 피하면 한국보다 쾌적합니다. 하지만, 한낮에는 매우 덥고 햇볕이 강해서 모자나 선글라스 착용이 필수입니다. 또 겨울은 한국만큼 춥지 않지만, 실내 난방이 잘 되어 있지 않아서 두꺼운 옷 한 벌 정도는 필요합니다. 봄과 가을에는 반팔에 얇은 옷을 겹쳐 입을 수 있게 준비하면 좋습니다.

✈ 수하물 준비 노하우

- 다용도칼, 과도, 가위, 골프채 등은 휴대 제한 품목으로 분류되어 기내에 반입할 수 없으므로, 부칠 짐에 넣습니다.
- 라이터, 부탄가스 등 폭발 가능성이 있는 물건은 운송 제한 품목이므로 짐으로도 부칠 수 없습니다.
- 파손되기 쉬운 물품이나 부패되기 쉬운 음식물, 악취 나는 물품 역시 부칠 수 없습니다.
- 여정, 좌석의 등급에 따라 짐의 크기 및 무게가 다르게 적용되므로 출발 전 무료 수하물 허용량을 확인하는 것이 좋습니다. (대개 일반석의 경우 무게가 23kg 내외, 크기가 세 변의 합이 158cm 이내인 짐 2개를 무료로 맡길 수 있고 이를 초과할 경우 금액을 지불해야 합니다.)
- 기내 반입 가능한 수하물의 크기와 무게 역시 항공사에 미리 문의하여 알아둡니다. (대개 일반석의 경우 크기가 55x40x20cm 또는 세 변의 합이 115cm 이하여야 하며, 무게는 12kg까지 가능합니다.)

2

기내에서

EL AVIÓN

❶
기본 표현
PRESENTACIÓN

❷
기내에서
EL AVIÓN

❸
공항에서
EL AEROPUERTO

❹
거리에서
EL TRANSPORTE

❺
호텔에서
ALOJAMIENTO

❻
관광지에서
TURISMO

❼
음식점에서
RESTAURANTE

❽
쇼핑몰에서
DE COMPRAS

❾
귀국편 공항에서
EL AEROPUERTO

❿
긴급 상황에서
EMERGENCIA

제 좌석은 어디예요?

돈데 에스따 미 아시엔또
¿Dónde está mi asiento?

🎧 음성을 듣고 따라 말하며 써 보세요.

☑ ¿Dónde está mi asiento?

☐

☐

🔊 이런 표현도 있어요.

❶ 여기가 당신 자리인가요?

에스떼 에스 쑤 아시엔또

☐ ¿Este es su asiento?

❷ 여기는 제 자리인데요.

에스떼 에스 미 아시엔또

☐ Este es mi asiento.

실례합니다, 잠시 지나가도 될까요?

디스꿀뻬, 뿌에도 빠사르
¿Disculpe, puedo pasar?

🎧 **음성을 듣고 따라 말하며 써 보세요.**

☑ ¿Disculpe, puedo pasar?

☐ _____

☐ _____

🔊 **이런 표현도 있어요.**

❶ 죄송하지만, 좀 도와주시겠어요?

디스꿀뻬, 뿌에데 아유다르메
☐ ¿Disculpe, puede ayudarme?

❷ 이게 뭐예요?

께 에스 에스또?
☐ ¿Qué es esto?

담요 한 장 주시겠어요?

뽀드리아 다르메 우나 만따

¿Podría darme una manta?

🎧 음성을 듣고 따라 말하며 써 보세요.

☑ ¿Podría darme una manta?

☐ _____

☐ _____

📢 이런 표현도 있어요.

❶ 펜 좀 빌려주시겠어요?

메 쁘레스따 수 볼리그라포, 뽀르 파보르

☐ ¿Me presta su bolígrafo, por favor?

❷

쿠션	슬리퍼	볼펜
꼬힌	사빠띠야스	볼리그라포
cojín	zapatillas	bolígrafo

펜 좀 빌려주시겠어요?

메 쁘레스따 쑤 볼리그라포, 뽀르 파보르
¿Me presta su bolígrafo, por favor?

🎧 음성을 듣고 따라 말하며 써 보세요.

☑ ¿Me presta su bolígrafo, por favor?

☐ _____

☐ _____

🔊 이런 표현도 있어요.

❶ 슬리퍼 있나요?

띠에네 사빠띠야스

☐ ¿Tiene zapatillas?

_____

❷ 불 좀 꺼 주세요.

아빠게 라 루스, 뽀르 파보르

☐ Apague la luz, por favor.

_____

물 한 잔만 주세요.

데메 운 바소 데 아구아, 뽀르 파보르
Deme un vaso de agua, por favor.

🎧 음성을 듣고 따라 말하며 써 보세요.

☑ Deme un vaso de agua, por favor.

☐

☐

📢 이런 표현도 있어요.

❶ 마실 것 좀 주세요.

데메 알고 데 베베르, 뽀르 파보르

Deme algo de beber, por favor.

❷

커피	차	주스
까페	떼	후고
café	té	jugo

어떤 음료가 있나요?

께 아이 데 베베르
¿Qué hay de beber?

🎧 음성을 듣고 따라 말하며 써 보세요.

☑ ¿Qué hay de beber?

☐ _____

☐ _____

🔊 이런 표현도 있어요.

❶ 녹차 있나요?

띠에네 떼 베르데

☐ ¿Tiene té verde?

_____

❷ 물 좀 주세요.

데메 아구아, 뽀르 파보르

☐ Deme agua, por favor.

_____

___월 ___일 ☀️ ☁️ ☂️ ❄️

닭고기로 주세요.

데메 뽀요, 뽀르 파보르

Deme pollo, por favor.

🎧 음성을 듣고 따라 말하며 써 보세요.

☑️ Deme pollo, por favor.

☐ _____

☐ _____

📢 이런 표현도 있어요.

❶ 식사는 뭐가 있나요?

께 띠에네 데 꼬미다

☐ ¿Qué tiene de comida?

_____

❷ 생선	쇠고기	돼지고기
뻬스까도	까르네 데 바까	까르네 데 쎄르도
pescado	carne de vaca	carne de cerdo

나중에 먹어도 될까요?

뿌에도 꼬메르 마스 따르데
¿Puedo comer más tarde?

🎧 음성을 듣고 따라 말하며 써 보세요.

☑ ¿Puedo comer más tarde?

☐

☐

📢 이런 표현도 있어요.

❶ 식사는 안 하려고요, 고맙습니다.

노 끼에로 꼬메르, 그라씨아스
☐ No quiero comer, gracias.

❷ 식사는 몇 시에 나오나요?

아 께 오라 쌀레 라 꼬미다
☐ ¿A qué hora sale la comida?

이 상품 카탈로그에 있나요?

띠에네 에스떼 쁘로둑또 엔 엘 까딸로고
¿Tiene este producto en el catálogo?

🎧 **음성을 듣고 따라 말하며 써 보세요.**

☑ ¿Tiene este producto en el catálogo?

☐ _____

☐ _____

🔊 **이런 표현도 있어요.**

❶ 면세품 좀 보여 주세요.

무에스뜨레메 로스 쁘로둑또스 리브레 데 임뿌에스또스, 뽀르 파보르
☐ Muéstreme los productos libre de impuestos, por favor.

❷
위스키	초콜릿	화장품
위스끼	초꼴라떼	꼬스메띠꼬스
whisky	chocolate	cosméticos

 ___월 ___일

선크림을 하나 사고 싶은데요.

끼에로 꼼쁘라르 운 쁘로떽또르 솔라르, 뽀르 파보르
Quiero comprar un protector solar, por favor.

🎧 음성을 듣고 따라 말하며 써 보세요.

☑ Quiero comprar un protector solar, por favor.

☐ _____

☐ _____

◀◎ 이런 표현도 있어요.

❶ 담배를 판매하나요?

벤덴 씨가리요스
☐ ¿Venden cigarrillos?

❷ 로션	립스틱	향수
로씨온	라삐스 라비알	뻬르푸메
loción	lápiz labial	perfume

___월 ___일 ☀ ☁ ☂ ☃

이 록시땅 핸드크림은 얼마예요?

꾸안또 꾸에스따 에스따 끄레마 데 마노스 록씨딴
¿Cuánto cuesta esta crema de manos L'Occitane?

🎧 음성을 듣고 따라 말하며 써 보세요.

☑ ¿Cuánto cuesta esta crema de manos L'Occitane?

☐ _____

☐ _____

📢 이런 표현도 있어요.

❶ 지금부터 기내 면세품 판매를 시작하겠습니다.

아오라 엠뻬사레모스 누에스뜨로 세르비씨오 리브레 데 임뿌에스또스 엔 부엘로

☐ Ahora empezaremos nuestro servicio libre de impuestos en vuelo.

❷

샤넬	로레알
차넬	로레알
Chanel	L'Oréal

신용카드로 계산해도 되나요?

뿌에도 빠가를라 꼰 따르헤따 데 끄레디또
¿Puedo pagarla con tarjeta de crédito?

🎧 음성을 듣고 따라 말하며 써 보세요.

☑ ¿Puedo pagarla con tarjeta de crédito?

☐ _____

☐ _____

📢 이런 표현도 있어요.

❶ 결제는 달러로 할게요.

보이 아 빠가르 엔 돌라레스

☐ Voy a pagar en dólares.

_____

❷ 달러 되나요?

아쎕딴 돌라레스

☐ ¿Aceptan dólares?

_____

숫 자

0	cero	쎄로	20	veinte	베인떼
1	uno	우노	21	veintiuno	베인띠우노
2	dos	도스	22	veintidós	베인띠도스
3	tres	뜨레스	23	veintitrés	베인띠뜨레스
4	cuatro	꾸아뜨로	24	veinticuatro	베인따꾸아뜨로
5	cinco	씽꼬	25	veinticinco	베인띠씽꼬
6	seis	쎄이스	26	veintiséis	베인띠쎄이스
7	siete	씨에떼	27	veintisiete	베인띠씨에떼
8	ocho	오초	28	veintiocho	베인띠오초
9	nueve	누에베	29	veintinueve	베인띠누에베
10	diez	디에스	30	treinta	뜨레인따
11	once	온쎄	31	treinta y uno	뜨레인따 이 우노
12	doce	도쎄	40	cuarenta	꾸아렌따
13	trece	뜨레쎄	50	cincuenta	씽꾸엔따
14	catorce	까또르쎄	60	sesenta	쎄쎈따
15	quince	낀쎄	70	setenta	쎄뗀따
16	dieciséis	디에씨쎄이스	80	ochenta	오첸따
17	diecisiete	디에씨씨에떼	90	noventa	노벤따
18	dieciocho	디에씨오초	100	cien	씨엔
19	diecinueve	디에씨누에베	1000	mil	밀

*31부터는 treinta y uno처럼 uno 자리에 숫자만 바꿔 넣으면 됩니다.

 입국신고서

✈ 입국신고서

스페인에 입국할 때는 입국신고서를 작성하지 않습니다. 하지만 남미 일부 국가는 입국신고서를 작성해야 하는데, 영어와 스페인어가 함께 표기되어 있고, 영어로 작성하면 되므로 큰 어려움은 없습니다.

주소란에는 머무르는 호텔이나 게스트하우스 등 숙소 이름과 현지 주소를 적습니다. 입국 심사 시, 신고서의 일부분을 되돌려 받는 경우에는 해당 종이를 출국할 때까지 반드시 보관해 두세요.

✈ 입국신고서 주요 용어

이름	Nombre	놈브레
성	Apellido	아뻬이도
생년월일	Fecha de nacimiento	페챠 데 나씨미엔또
일/월/년도	Día / Mes / Año	디아 / 메스 / 아뇨
국적	Nacionalidad	나씨오날리닷
주소	Dirección	디렉씨온
여권 번호	Número de pasaporte	누메로 데 빠사쁘르떼
여권 발행일	Fecha de expedición	페챠 데 엑스뻬디씨온
서명	Firma	피르마

3

공항에서

EL AEROPUERTO

HOLA!

❶
기본 표현
PRESENTACIÓN

❷
기내에서
EL AVIÓN

❸
공항에서
EL AEROPUERTO

❹
거리에서
EL TRANSPORTE

❺
호텔에서
ALOJAMIENTO

❻
관광지에서
TURISMO

❼
음식점에서
RESTAURANTE

❽
쇼핑몰에서
DE COMPRAS

❾
귀국편 공항에서
EL AEROPUERTO

❿
긴급 상황에서
EMERGENCIA

____월 ____일 ☀ ☁ ☂ ☼

여행하러 왔어요.

벵고 데 뚜리스모

Vengo de turismo.

🎧 음성을 듣고 따라 말하며 써 보세요.

☑ Vengo de turismo.

☐ _____

☐ _____

📢 이런 표현도 있어요.

❶ 방문 목적은 무엇입니까?

꾸알 에스 엘 쁘로뽀시또 데 쑤 비시따

☐ ¿Cuál es el proposito de su visita?

❷ 출장 왔어요.

벵고 데 네고씨오스

☐ Vengo de negocios.

1주일 동안 있을 거예요.

보이 아 에스따르 아끼 뽀르 우나 쎄마나

Voy a estar aquí por una semana.

🎧 **음성을 듣고 따라 말하며 써 보세요.**

☑ Voy a estar aquí por una semana.

☐ _____

☐ _____

🔊 **이런 표현도 있어요.**

❶ 여기에서 얼마나 체류하십니까?

꾸안또 띠엠뽀 바 아 뻬르마네쎄르 아끼

☐ ¿Cuánto tiempo va a permanecer aquí?

_____

❷

3일	2주	한 달
뜨레스 디아스	도스 쎄마나스	운 메스
tres dias	dos semanas	un mes

그랜드 하얏트 호텔이요.

엔 엘 오뗄 그란드 히얏
En el hotel Grand Hyatt.

🎧 **음성을 듣고 따라 말하며 써 보세요.**

☑ En el hotel Grand Hyatt.

☐ _____

☐ _____

🔊 **이런 표현도 있어요.**

❶ 어디서 머무르십니까?

돈데 바 아 오스뻬다르세

☐ ¿Dónde va a hospedarse?

_____

_____

❷ 게스트하우스에 묵을 거예요.

메 보이 아 께다르 엔 우나 까사 데 우에스뻬데스

☐ Me voy a quedar en una casa de huéspedes.

_____

_____

제 짐은 어디서 찾나요?

돈데 뿌에도 엔꼰뜨라르 미 에끼빠헤
¿Dónde puedo encontrar mi equipaje?

🎧 음성을 듣고 따라 말하며 써 보세요.

☑ ¿Dónde puedo encontrar mi equipaje?

☐ _____

☐ _____

📢 이런 표현도 있어요.

❶ 제 짐을 찾을 수가 없어요.

노 뿌에도 엔꼰뜨라르 미 에끼빠헤

☐ No puedo encontrar mi equipaje.

❷ 제 짐이 아직 안 나왔어요.

미 에끼빠헤 아운 노 아 살리도

☐ Mi equipaje aún no ha salido.

트렁크가 망가졌어요.

미 말레따 에스따 로따
Mi maleta está rota.

🎧 **음성을 듣고 따라 말하며 써 보세요.**

☑ Mi maleta está rota.

☐

☐

🔊 **이런 표현도 있어요.**

❶ 이 캐리어 제 거예요.

에스따 말레따 에스 미아

☐ Esta maleta es mía.

❷ 제 짐을 분실했나 봐요.

끄레오 께 뻬르디 미 에끼빠헤

☐ Creo que perdí mi equipaje.

이거 친구에게 줄 선물이에요.

에스떼 에스 운 레갈로 빠라 운 아미고
Este es un regalo para un amigo.

🎧 음성을 듣고 따라 말하며 써 보세요.

☑ Este es un regalo para un amigo.

☐ _____

☐ _____

🔊 이런 표현도 있어요.

❶ 선물로 산 거예요.

꼼쁘레 에스또 빠라 레갈라르

☐ Compré esto para regalar.

❷ 이상한 거 아니에요.

에스또 노 에스 알고 엑스뜨라뇨

☐ Esto no es algo extraño.

___월 ___일 ☀ ☁ ☂ ☼

신고할 것이 있습니까? / 없습니다.

띠에네 알고 께 데끌라라르   노, 나다
¿Tiene algo que declarar? / No, nada.

🎧 **음성을 듣고 따라 말하며 써 보세요.**

☑ ¿Tiene algo que declarar? / No, nada.
_____
☐
_____
☐
_____

🔊 **이런 표현도 있어요.**

❶ 어디에 신고하면 되죠?

돈데 뗑고 께 이르 아 데끌라라르

☐ ¿Dónde tengo que ir a declarar?
_____
_____

❷ 신고할 물건은 없어요.

노 뗑고 나다 께 데끌라라르

☐ No tengo nada que declarar.
_____
_____

___월 ___일

이것들은 제 개인용품입니다.

에스또스 손 미스 옵헤또스 뻬르소날레스

Estos son mis objetos personales.

🎧 음성을 듣고 따라 말하며 써 보세요.

☑ Estos son mis objetos personales.

☐ _____

☐ _____

📢 이런 표현도 있어요.

❶ 이건 선물 받은 거예요.

에스또 로 레씨비 꼬모 레갈로

☐ Esto lo recibí como regalo.

_____

❷ 이건 한국 음식이에요.

에스따 에스 꼬미다 꼬레아나

☐ Esta es comida coreana.

_____

51

___월 ___일

환전하려고 하는데요.

끼에로 깜비아르 디네로
Quiero cambiar dinero.

🎧 음성을 듣고 따라 말하며 써 보세요.

☑ Quiero cambiar dinero.

☐ _____

☐ _____

🔊 이런 표현도 있어요.

❶ 어디서 환전할 수 있죠?

돈데 뿌에도 깜비아르 디네로

☐ ¿Dónde puedo cambiar dinero?

❷ 환전하는 데는 어디예요?

돈데 아이 우나 까사 데 깜비오

☐ ¿Dónde hay una casa de cambio?

이 근처에 ATM이 있나요?

아이 운 까헤로 아우또마띠꼬 쎄르까 데 아끼
¿Hay un cajero automático cerca de aquí?

🎧 음성을 듣고 따라 말하며 써 보세요.

☑ ¿Hay un cajero automático cerca de aquí?

☐ _____

☐ _____

◀)) 이런 표현도 있어요.

❶ 가장 가까운 은행은 어디예요?

돈데 에스따 엘 방꼬 마스 쎄르까노
☐ ¿Dónde está el banco más cercano?

_____

❷ ATM은 24시간 이용할 수 있어요.

엘 까헤로 아우또마띠꼬 에스따 디스뽀니블레 라스 베인띠꾸아뜨로 오라스
☐ El cajero automático está disponible las 24 horas.

_____

___월 ___일 ☀ ☁ ☂

달러를 유로화로 바꾸려고 해요.

끼에로 깜비아르 돌라레스 에스따도우니덴쎄스 아 에우로스
Quiero cambiar dólares estadounidenses a euros.

🎧 **음성을 듣고 따라 말하며 써 보세요.**

☑ Quiero cambiar dólares estadounidenses a euros.

☐ _____

☐ _____

📢 **이런 표현도 있어요.**

❶ 달러를 페소화로 바꾸려고 해요.

끼에로 깜비아르 돌라레스 에스따도우니덴쎄스 아 뻬쏘스

☐ Quiero cambiar dólares estadounidenses a pesos.

❷ 현금을 받을 수 있나요?

메 뿌에데 다르 에펙띠보, 뽀르 파보르

☐ ¿Me puede dar efectivo, por favor?

여행안내소는 어디예요?

돈데 에스따 엘 쎈뜨로 데 인포르마씨온
¿Dónde está el centro de información?

🎧 음성을 듣고 따라 말하며 써 보세요.

☑ ¿Dónde está el centro de información?

☐ _____

☐ _____

📣 이런 표현도 있어요.

❶ 여행안내소로 데려다 주세요.

예베메 알 쎈뜨로 데 인포르마씨온, 뽀르 파보르

☐ Lléveme al centro de información, por favor.

❷ 출구는 어디예요?

돈데 에스따 라 쌀리다

☐ ¿Dónde está la salida?

55

공항버스는 어디에서 타나요?

돈데 뿌에도 또마르 엘 아우또부스 델 아에로뿌에르또
¿Dónde puedo tomar el autobús del aeropuerto?

🎧 음성을 듣고 따라 말하며 써 보세요.

☑ ¿Dónde puedo tomar el autobús del aeropuerto?

☐ _____

☐ _____

🔊 이런 표현도 있어요.

❶ 이 셔틀버스가 시내로 가요?

에스떼 아우또부스 데 엔라쎄 바 알 쎈뜨로

☐ ¿Este autobús de enlace va al centro?

❷ 택시 대신 무엇을 탈 수 있나요?

께 마스 뿌에도 또마르 엔 베스 데 운 딱시

☐ ¿Qué más puedo tomar en vez de un taxi?

세비야 역으로 가는 버스는 몇 시에 출발하나요?

아 께 오라 쌀레 엘 아우또부스 빠라 라 에스따씨온 데 세비야
¿A qué hora sale el autobús para la estación de Sevilla?

🎧 음성을 듣고 따라 말하며 써 보세요.

☑ ¿A qué hora sale el autobús para la estación de Sevilla?

☐

☐

🔊 이런 표현도 있어요.

❶ 셔틀버스는 몇 시에 출발해요?

아 께 오라 쌀레 엘 아우또부스 데 엔라쎄
☐ ¿A qué hora sale el autobús de enlace?

❷ 택시 타고 시내로 가려고요.

보이 알 쎈뜨로 엔 딱시
☐ Voy al centro en taxi.

약도를 한 장 그려 주시겠어요?

뽀드리아 디부하르메 운 마빠, 뽀르 파보르
¿Podría dibujarme un mapa, por favor?

🎧 음성을 듣고 따라 말하며 써 보세요.

☑ ¿Podría dibujarme un mapa, por favor?

☐ _____

☐ _____

📣 이런 표현도 있어요.

❶ 한국어 지도가 있나요?

띠에네 운 마빠 엔 꼬레아노

☐ ¿Tiene un mapa en coreano?

❷ 지도 좀 주세요.

데메 운 마빠, 뽀르 파보르

☐ Deme un mapa, por favor.

여기에서 호텔을 예약할 수 있나요?

뿌에도 레세르바르 운 오뗄 아끼
¿Puedo reservar un hotel aquí?

🎧 음성을 듣고 따라 말하며 써 보세요.

☑ ¿Puedo reservar un hotel aquí?

☐ _____

☐ _____

◀)) 이런 표현도 있어요.

❶ 가까운 호텔이 어디예요?

돈데 에스따 엘 오뗄 마스 쎄르까노
☐ ¿Dónde está el hotel más cercano?

❷ 공항 내에 호텔이 있나요?

아이 운 오뗄 엔 엘 아에로뿌에르또
☐ ¿Hay un hotel en el aeropuerto?

기내와 공항에서

창가 자리	asiento en la ventana	아시엔또 엔 라 벤따나
복도 자리	asiento en el pasillo	아시엔또 엔 엘 빠씨요
구명조끼	chaleco salvavidas	찰레꼬 쌀바비다스
비상구	salida de emergencia	쌀리다 데 에메르헨씨아
출발	salida	쌀리다
도착	llegada	예가다
환승	transbordo	뜨란스보르도
입국 심사	inmigración	인미그라씨온
여행	turismo	뚜리스모
휴가	vacaciones	바까씨오네스
업무	negocio	네고씨오
여권	pasaporte	빠사뽀르떼
비자	visado	비사도
외국인(남) / (여)	extranjero / extranjera	엑스뜨랑헤로 / 엑스뜨랑헤라
탑승권	tarjeta de embarque	따르헤따 데 엠바르께
수하물 찾는 곳	recogida de equipaje	레꼬히다 데 에끼빠헤
수하물 확인증	talón de equipaje	딸론 데 에끼빠헤
분실	pérdida	뻬르디다
분실물 센터	oficina de objetos perdidos	오피씨나 데 옵헤또스 뻬르디도스
세관	aduana	아두아나
세관신고서	declaración de aduana	데끌라라씨온 데 아두아나
면세점	tienda libre de impuestos	띠엔다 리브레 데 임뿌에스또스
술	licor	리꼬르
담배	tabaco	따바꼬
환전소	casa de cambio	까사 데 깜비오

트립 어드바이스　스페인①

1. 수도: 마드리드(Madrid)
2. 화폐: 유로(EUR)
3. 대사관: C/ González Amigó, 15, 28033 – Madrid, Spain TEL. +34–91–353–2000
4. 긴급전화: 통합응급번호 112, 경찰 091, 화재 080, 의료 061
5. 주요 공항: 발렌시아 공항(VLC), 세비야 공항(SVQ), 바르셀로나 국제공항(BCN),
   바라하스 공항(MAD, 마드리드), 팔마 데 마요르카 공항(PMI) 등

✈ 스페인 날씨와 옷차림

스페인을 여행하기 가장 적합한 시기는 4~6월과 9~10월입니다. 봄에는 남서부, 여름은 북부, 가을은 중부, 겨울은 남부가 여행하기 좋습니다. 마드리드 지역은 일교차가 커서 겉옷을 준비하면 좋습니다.

✈ 마드리드(Madrid)

마드리드는 스페인의 수도로, 우리에게는 축구팀 레알 마드리드로 유명하죠. 스페인 정부와 국왕이 주재하며 정치, 경제, 문화의 중심지라서 푸에르타 델 솔, 마드리드 마요르 광장, 마드리드 왕궁 등 다양한 관광지가 있습니다.

✈ 마드리드 왕궁(Palacio Real)

스페인 국왕을 대표하는 곳으로 국가 공식 행사에 등장합니다. 당대 최고의 건축가들이 지은 이곳에는 총 2,800여 개의 방이 있습니다. 그중 왕관의 방, 도자기의 방, 가스파리니의 방은 화려함의 극치를 보여 줍니다.

✈ 프라도 미술관(Museo del Prado)

세계 3대 미술관 중 하나로, 프란시스코 고야의 〈아들을 삼키는 새턴〉, 엘 그레코의 〈성 삼위일체〉, 디에고 벨라스케스의 〈시녀들〉 등 유럽을 대표하는 회화 작품이 전시되어 있습니다. 관람시간은 오전 10시에서 오후 8시이며 일요일 및 공휴일은 오후 5시까지입니다.

✈ 산 미구엘 시장(Mercado de San Miguel)

저렴한 가격에 신선한 재료가 넘치는 곳입니다. 재료를 구입해 직접 요리해 먹거나 와인과 간단한 안주를 구입해 즐겨도 좋답니다.

4

거리에서

EL TRANSPORTE

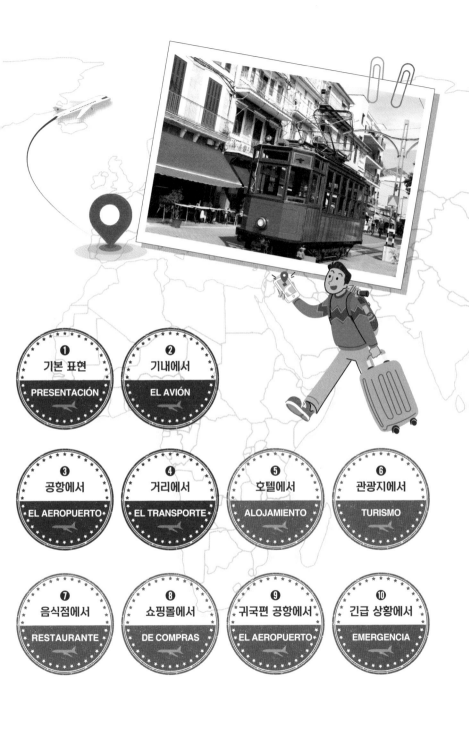

❶ 기본 표현 PRESENTACIÓN

❷ 기내에서 EL AVIÓN

❸ 공항에서 EL AEROPUERTO

❹ 거리에서 EL TRANSPORTE

❺ 호텔에서 ALOJAMIENTO

❻ 관광지에서 TURISMO

❼ 음식점에서 RESTAURANTE

❽ 쇼핑몰에서 DE COMPRAS

❾ 귀국편 공항에서 EL AEROPUERTO

❿ 긴급 상황에서 EMERGENCIA

지하철역은 어디예요?

돈데 에스따 라 에스따씨온 데 메뜨로
¿Dónde está la estación de metro?

🎧 **음성을 듣고 따라 말하며 써 보세요.**

☑ ¿Dónde está la estación de metro?

☐ _____

☐ _____

📢 **이런 표현도 있어요.**

❶ 지하철역에 어떻게 가요?

꼬모 보이 아 라 에스따씨온 데 메뜨로
☐ ¿Cómo voy a la estación de metro?

❷ 여기가 지하철역이에요?

에스따 에스 라 에스따씨온 데 메뜨로
☐ ¿Esta es la estación de metro?

___월 ___일 ☀ ☁ ☂ ☃

매표소는 어디예요?

돈데 에스따 라 따끼야
¿Dónde está la taquilla?

🎧 음성을 듣고 따라 말하며 써 보세요.

☑ ¿Dónde está la taquilla?

☐ _____

☐ _____

📢 이런 표현도 있어요.

❶ 매표소는 어디예요?

돈데 에스따 엘 데스빠초 데 비예떼스
☐ ¿Dónde está el despacho de billetes?

❷ 발권기는 어떻게 써요?

꼬모 쎄 우사 라 마끼나 데 비예떼스
☐ ¿Cómo se usa la máquina de billetes?

공항선은 어디에서 타야 해요?

돈데 뿌에도 또마르 라 리네아 델 아에로뿌에르또
¿Dónde puedo tomar la línea del aeropuerto?

🎧 음성을 듣고 따라 말하며 써 보세요.

☑ ¿Dónde puedo tomar la línea del aeropuerto?

☐ _____

☐ _____

📢 이런 표현도 있어요.

❶ 여기 가야 하는데, 몇 호선을 타야 하나요?

떼고 께 이르 아 에스떼 루가르, 께 리네아 또모

☐ Tengo que ir a este lugar, ¿qué línea tomo?

_____

❷ 지하철 노선도는 어디 있나요?

돈데 에스따 엘 마빠 데 메뜨로

☐ ¿Dónde está el mapa de metro?

_____

66

어디서 갈아타면 되나요?

돈데 뗑고 께 아쎄르 뜨란스보르도
¿Dónde tengo que hacer transbordo?

🎧 **음성을 듣고 따라 말하며 써 보세요.**

☑ ¿Dónde tengo que hacer transbordo?
▢ _____
▢ _____

📢 **이런 표현도 있어요.**

❶ 이 노선으로 갈아타요.

아고 뜨란스보르도 아 에스따 리네아

▢ Hago transbordo a esta línea.
_____

❷ 환승하는 곳이 어디예요?

엔 돈데 아고 엘 뜨란스보르도

▢ ¿En dónde hago el transbordo?
_____

푸에르타 델 솔에 가려면 어디에서 내려요?

돈데 메 바호 빠라 이르 아 라 뿌에르따 델 솔
¿Dónde me bajo para ir a la Puerta del Sol?

🎧 음성을 듣고 따라 말하며 써 보세요.

☑ ¿Dónde me bajo para ir a la Puerta del Sol?

☐

☐

🔊 이런 표현도 있어요.

❶ 이 노선 타면 여기 가나요?

에스따 리네아 메 예바 아 에스떼 루가르

☐ ¿Esta línea me lleva a este lugar?

❷ 여기로 가려면 환승해야 하나요?

뗑고 께 아쎄르 뜨란스보르도 빠라 이르 아 에스떼 루가르

☐ ¿Tengo que hacer transbordo para ir a este lugar?

버스 정류장은 어디예요?

돈데 에스따 라 빠라다 데 아우또부스
¿Dónde está la parada de autobús?

🎧 **음성을 듣고 따라 말하며 써 보세요.**

☑ ¿Dónde está la parada de autobús?

☐

☐

📢 **이런 표현도 있어요.**

❶ 버스 정류장 가까워요?

에스따 쎄르까 라 빠라다 데 아우또부스

☐ ¿Está cerca la parada de autobús?

❷ 버스는 어디서 탈 수 있나요?

돈데 뿌에도 또마르 엘 아우또부스

☐ ¿Dónde puedo tomar el autobús?

마드리드 왕궁에 가려면 몇 번 버스를 타야 해요?

께 누메로 데 아우또부스 뗑고 께 또마르 빠라 예가르
¿Qué número de autobús tengo que tomar para llegar

알 빨라씨오 레알 데 마드릿
al Palacio Real de Madrid?

🎧 음성을 듣고 따라 말하며 써 보세요.

☑ ¿Qué número de autobús tengo que tomar para llegar al Palacio Real
de Madrid?

☐ _____

☐ _____

📢 이런 표현도 있어요.

❶ 이거 마드리드 왕궁으로 가는 버스예요?

에스떼 에스 엘 아우또부스 빠라 엘 빨라씨오 레알 데 마드릿

☐ ¿Este es el autobús para el Palacio Real de Madrid?

❷ 몇 번으로 갈아타요?

아 께 아우또부스 뗑고 께 아쎄르 뜨란스보르도

☐ ¿A qué autobús tengo que hacer transbordo?

이 버스는 프라도 미술관에 가나요?

에스떼 아우또부스 바 알 무세오 델 쁘라도
¿Este autobús va al Museo del Prado?

🎧 음성을 듣고 따라 말하며 써 보세요.

☑ ¿Este autobús va al Museo del Prado?

☐

☐

🔊 이런 표현도 있어요.

❶ 이거 시내로 가는 버스예요?

에스떼 에스 엘 아우또부스 께 바 알 쎈뜨로

☐ ¿Este es el autobús que va al centro?

❷ 반대쪽 버스가 시내로 가요?

엘 아우또부스 델 오뜨로 라도 바 알 쎈뜨로

☐ ¿El autobús del otro lado va al centro?

___월 ___일

마드리드 호텔에 가고 싶어요.

끼에로 이르 알 오뗄 마드릿
Quiero ir al Hotel Madrid.

🎧 음성을 듣고 따라 말하며 써 보세요.

☑ Quiero ir al Hotel Madrid.

☐

☐

🔊 이런 표현도 있어요.

❶ 버스 요금이 얼마예요?

꾸안또 에스 라 따리파 데 아우또부스

☐ ¿Cuánto es la tarifa de autobús?

❷ (버스 요금을) 현금으로 내야 하나요?

뗑고 께 빠가르 엔 에펙띠보

☐ ¿Tengo que pagar en efectivo?

힐튼 호텔까지 몇 정거장이나 더 가야 해요?

꾸안따스 빠라다스 팔딴 빠라 예가르 알 오뗄 일똔
¿Cuántas paradas faltan para llegar al Hotel Hilton?

🎧 음성을 듣고 따라 말하며 써 보세요.

☑ ¿Cuántas paradas faltan para llegar al Hotel Hilton?

☐ _____

☐ _____

🔊 이런 표현도 있어요.

❶ 언제 내려야 하는지 알려 주세요.

디가메 꾸안도 바하르메, 뽀르 파보르

☐ Dígame cuándo bajarme, por favor.

_____

❷ 이번 정거장에서 내리나요?

메 바호 엔 에스따 빠라다

☐ ¿Me bajo en esta parada?

_____

 ___월 ___일 ☀️ ☁️ ☂️ ☀️

잠시만요, 내릴게요.

운 모멘또, 메 바호 아끼
Un momento, me bajo aquí.

🎧 **음성을 듣고 따라 말하며 써 보세요.**

☑️ Un momento, me bajo aquí.

☐

☐

📢 **이런 표현도 있어요.**

❶ 저 여기서 내려요.

메 바호 아끼
☐ Me bajo aquí.

❷ 저는 어디서 내리나요?

돈데 메 바호
☐ ¿Dónde me bajo?

74

___월 ___일 ☀ ☁ ☂ ☃

택시 정류장이 어디예요?

돈데 에스따 라 빠라다 데 딱시
¿Dónde está la parada de taxi?

🎧 음성을 듣고 따라 말하며 써 보세요.

☑ ¿Dónde está la parada de taxi?

☐ _____

☐ _____

📢 이런 표현도 있어요.

❶ 택시 대신 무엇을 탈 수 있나요?

께 마스 뿌에도 또마르 엔 베스 데 딱시

☐ ¿Qué más puedo tomar en vez de taxi?

❷ 택시는 어디에서 탈 수 있나요?

돈데 뿌에도 또마르 운 딱시

☐ ¿Dónde puedo tomar un taxi?

이 주소로 부탁드립니다.

아 에스따 디렉씨온, 뽀르 파보르
A esta dirección, por favor.

🎧 음성을 듣고 따라 말하며 써 보세요.

☑ A esta dirección, por favor.

☐

☐

🔊 이런 표현도 있어요.

❶ 여기로 가 주세요.

예베메 아 에스떼 루가르, 뽀르 파보르

☐ Lléveme a este lugar, por favor.

❷ 시내로 가 주세요.

예베메 알 쎈뜨로, 뽀르 파보르

☐ Lléveme al centro, por favor.

___월 ___일 ☀ ☁ ☂ ☄

가까운 길로 가 주시겠어요?

뽀드리아 이르 뽀르 엘 까미노 마스 꼬르또, 뽀르 파보르
¿Podría ir por el camino más corto, por favor?

🎧 **음성을 듣고 따라 말하며 써 보세요.**

☑ ¿Podría ir por el camino más corto, por favor?

☐

☐

🔊 **이런 표현도 있어요.**

❶ 이 주소 근처로 가 주세요.

예베메 쎄르까 데 에스따 디렉씨온, 뽀르 파보르
☐ Lléveme cerca de esta dirección, por favor.

❷ 더 빨리 가 주세요.

바야 마스 라삐도, 뽀르 파보르
☐ Vaya más rápido, por favor.

여기서 세워 주세요.

빠레 아끼, 뽀르 파보르
Pare aquí, por favor.

🎧 음성을 듣고 따라 말하며 써 보세요.

☑ Pare aquí, por favor.

☐ _____

☐ _____

📢 이런 표현도 있어요.

❶ 횡단보도에서 세워 주시겠어요?

뽄드리아 빠라르 엔 엘 빠소 데 뻬아또네스, 뽀르 파보르

☐ ¿Podría parar en el paso de peatones, por favor?

_____

❷ 공항까지 얼마나 걸리죠?

꾸안또 띠엠뽀 세 따르다 엔 예가르 알 아에로뿌에르또

☐ ¿Cuánto tiempo se tarda en llegar al aeropuerto?

_____

___월 ___일

영수증 좀 주세요.

뽀르 파보르, 데메 엘 레씨보
Por favor, deme el recibo.

🎧 음성을 듣고 따라 말하며 써 보세요.

☑ Por favor, deme el recibo.

☐ _____

☐ _____

🔊 이런 표현도 있어요.

❶ 기본 요금이 얼마예요?

꾸안또 에스 라 따리파 바시까

☐ ¿Cuánto es la tarifa básica?

❷ 현금으로 지불할게요.

보이 아 빠가르 엔 에펙띠보

☐ Voy a pagar en efectivo.

79

___월 ___일 ☀ ☁ ☂ ☼

트렁크 좀 열어 주시겠어요?

뽀드리아 아브리르 엘 말레떼로, 뽀르 파보르
¿Podría abrir el maletero, por favor?

🎧 음성을 듣고 따라 말하며 써 보세요.

☑ ¿Podría abrir el maletero, por favor?

☐

☐

🔊 이런 표현도 있어요.

❶ 이거 넣는 것 좀 도와주세요.

아유데메 아 메떼르 에스또, 뽀르 파보르

☐ Ayúdeme a meter esto, por favor.

❷ 팁 드릴게요.

레 다레 우나 쁘로삐나

☐ Le daré una propina.

___월 ___일 ☀ ☁ ☂ ☼

왕복표 한 장 주세요.

데메 운 비예떼 데 이다 이 부엘따, 뽀르 파보르

Deme un billete de ida y vuelta, por favor.

🎧 음성을 듣고 따라 말하며 써 보세요.

☑ Deme un billete de ida y vuelta, por favor.

☐ _____

☐ _____

📢 이런 표현도 있어요.

❶ 여기 가는 표 한 장이요.

운 비예떼 빠라 에스떼 루가르, 뽀르 파보르

☐ Un billete para este lugar, por favor.

❷ 여기로 가려면 환승해야 하나요?

뗑고 께 아쎄르 뜨란스보르도 빠라 이르 아 에스떼 루가르

☐ ¿Tengo que hacer transbordo para ir a este lugar?

침대칸 표가 남아 있나요?

아이 아시엔또스 디스뽀니블레스 빠라 로스 꼬체스 까마
¿Hay asientos disponibles para los coches cama?

🎧 음성을 듣고 따라 말하며 써 보세요.

☑ ¿Hay asientos disponibles para los coches cama?

☐ _____

☐ _____

🔊 이런 표현도 있어요.

❶ 일반석이 남았나요?

띠에네 아시엔또쓰 데 끌라쎄 에꼬노미까

☐ ¿Tiene asientos de clase económica?

❷ 일등석으로 주세요.

데메 운 아시엔또 데 쁘리메라 끌라쎄, 뽀르 파보르

☐ Deme un asiento de primera clase, por favor.

___월 ___일 ☀ ☁ ☂ ☃

표를 환불하고 싶은데요.

메 구스따리아 레엠볼사르 엘 비예떼
Me gustaría reembolsar el billete.

🎧 음성을 듣고 따라 말하며 써 보세요.

☑ Me gustaría reembolsar el billete.

☐ _____

☐ _____

🔊 이런 표현도 있어요.

❶ 표를 분실했어요.

뻬르디 미 비예떼

☐ Perdí mi billete.

❷ 표를 잘못 샀어요.

뗑고 엘 비예떼 에끼보까도

☐ Tengo el billete equivocado.

___월 ___일

기차에 물건을 두고 내렸어요.

에 데하도 알고 엔 엘 뜨렌
He dejado algo en el tren.

🎧 음성을 듣고 따라 말하며 써 보세요.

☑ He dejado algo en el tren.

☐

☐

📣 이런 표현도 있어요.

❶ 분실물 센터가 어디예요?

돈데 에스따 엘 쎈뜨로 데 옵헤또스 뻬르디도스

☐ ¿Dónde está el centro de objetos perdidos?

❷ 열차를 잘못 탔어요.

또메 엘 뜨렌 에끼보까도

☐ Tomé el tren equivocado.

84

___월 ___일 ☀ ☁ ☂ ☼

여기로 가고 싶은데요.

끼에로 이르 아끼

Quiero ir aquí.

🎧 음성을 듣고 따라 말하며 써 보세요.

☑ Quiero ir aquí.

☐ _____

☐ _____

📢 이런 표현도 있어요.

❶ 여기는 어떻게 가요?

꼬모 보이 아 에스떼 루가르

☐ ¿Cómo voy a este lugar?

❷ 이 레스토랑은 어떻게 가요?

꼬모 보이 아 에스떼 레스따우란떼

☐ ¿Cómo voy a este restaurante?

___월 ___일 ☀ ☁ ☂ ☼

길 좀 알려줄 수 있나요?

메 뿌에데 엔세냐르 엘 까미노, 뽀르 파보르
¿Me puede enseñar el camino, por favor?

🎧 음성을 듣고 따라 말하며 써 보세요.

☑ ¿Me puede enseñar el camino, por favor?

☐ _____

☐ _____

📢 이런 표현도 있어요.

❶ 여기서 걸어서 갈 수 있나요?

뿌에도 까미나르 데스데 아끼

☐ ¿Puedo caminar desde aquí?

_____

❷ 지도상에서 여기가 어디예요?

돈데 에스따 에스따 우비까씨온 엔 엘 마빠

☐ ¿Dónde está esta ubicación en el mapa?

_____

___월 ___일

아또차 역까지 어떻게 가요?

꼬모 쎄 바 아 라 에스따씨온 데 아또차
¿Cómo se va a la estación de Atocha?

🎧 **음성을 듣고 따라 말하며 써 보세요.**

☑ ¿Cómo se va a la estación de Atocha?

☐

☐

📢 **이런 표현도 있어요.**

❶ 박물관은 어디에 있나요?

돈데 쎄 우비까 엘 무세오

☐ ¿Dónde se ubica el museo?

❷ 여기가 기차역이에요?

에스따 에스 라 에스따씨온 데 뜨렌

☐ ¿Esta es la estación de tren?

___월___일 ☀ ☁ ☔ ☂

얼마나 걸릴까요?

꾸안또 띠엠뽀 쎄 따르다라

¿Cuánto tiempo se tardará?

🎧 음성을 듣고 따라 말하며 써 보세요.

☑ ¿Cuánto tiempo se tardará?

☐ _____

☐ _____

📢 이런 표현도 있어요.

❶ 걸어서 얼마나 걸리나요?

꾸안또 세 따르다 까미난도

☐ ¿Cuánto se tarda caminando?

❷ 택시로 얼마나 걸리나요?

꾸안또 세 따르다 엔 딱시

☐ ¿Cuánto se tarda en taxi?

이 근처에 화장실이 있나요?

아이 운 바뇨 뽀르 아끼
¿Hay un baño por aquí?

🎧 **음성을 듣고 따라 말하며 써 보세요.**

☑ ¿Hay un baño por aquí?

☐ _____

☐ _____

🔊 **이런 표현도 있어요.**

❶ 여기서 가장 가까운 약국이 어디예요?

돈데 에스따 라 파르마씨아 마스 쎄르까나
☐ ¿Dónde está la farmacia más cercana?

❷ 이 주소 아세요?

꼬노쎄 에스따 디렉씨온
☐ ¿Conoce esta dirección?

교통수단 이용 시

한국어	스페인어	발음
~행 버스	autobús para~	아우또부스 빠라
버스 정류장	parada de autobús	빠라다 데 아우또부스
택시 정류장	parada de taxi	빠라다 데 딱시
지하철역	estación de metro	에스따씨온 데 메뜨로
기차역	estación de tren	에스따씨온 데 뜨렌
표	billete	비예떼
기본 요금	tarifa básica	따리파 바시까
현금	efectivo	에펙띠보
잔돈	cambio	깜비오
신용 카드	tarjeta de crédito	따르헤따 데 끄레디또
일일승차권	billete de un día	비예떼 데 운 디아
매표소	taquilla de billetes	따끼야 데 비예떼스
발권기	la máquina de billetes	라 마끼나 데 비예떼스
지하철 노선도	plano del metro	쁠라노 델 메뜨로
출구	salida	쌀리다
환승	transbordo	뜨란스보르도
직행	directo	디렉또
우회전	a la derecha	아 라 데레차
좌회전	a la izquierda	아 라 이쓰끼에르다
세워주세요	pare	빠레

✈ 낮잠 시간

스페인에는 '낮잠'이라는 의미의 시에스따(Siesta) 문화가 있어서 오후 내내 문을 닫는 곳이 있습니다. 물론 관광지에는 시에스따가 없기도 하지요. 또 스페인은 간식을 포함해 식사가 자주 이루어지고 그 시간대도 우리와는 다릅니다. 점심은 오후 2시 전후, 저녁은 9시 전후로 시작하므로 식당 방문 시 참고하세요.

✈ 새끼돼지 통구이(Cochinillo)

이 음식은 까스띠야 지방에서 유래된 음식으로 스페인 사람들이 즐겨 먹는 대표적인 요리입니다. 스페인의 돼지고기 '이베리코'는 맛이 좋기로 유명한 만큼 이 요리도 돼지고기의 영양과 맛을 잘 살린 것으로 유명합니다. 이외에도 스페인에는 입맛을 자극하는 요리가 많습니다. 아침 식사로 즐겨 먹는 추로스(Churos), 와인에 곁들여 식전에 먹는 훈연 돼지고기 하몬(Hamón), 새우와 마늘을 올리브오일에 끓여 만든 감바스 알 아히요(Gambas al ajillo), 스페인식 볶음밥인 빠에야(Paella) 등이 유명합니다.

✈ 플라멩코(Flamenco)

플라멩코는 안달루시아 지방에 정착한 집시들로부터 시작된 춤과 노래의 예술입니다. 지금은 전용 공연장인 따블라오(Tablao)에서 볼 수 있는데, 마드리드 마요르 광장 주변에 많이 있습니다.

✈ 축구

스페인은 까스띠야 지방이 주변 지방을 정복해서 세운 나라라서 사회문화적 측면에서 지역색이 매우 강합니다. 세계 최고 수준의 축구 리그 프리메라 리가(Primera Liga)에서도 그 현상을 엿볼 수 있는데, 레알 마드리드와 FC 바르셀로나는 소문난 앙숙이죠. 이 두 팀의 경기는 '끌라씨꼬(Clásico, 전통)'라고 불릴 만큼 치열합니다.

5

호텔에서
ALOJAMIENTO

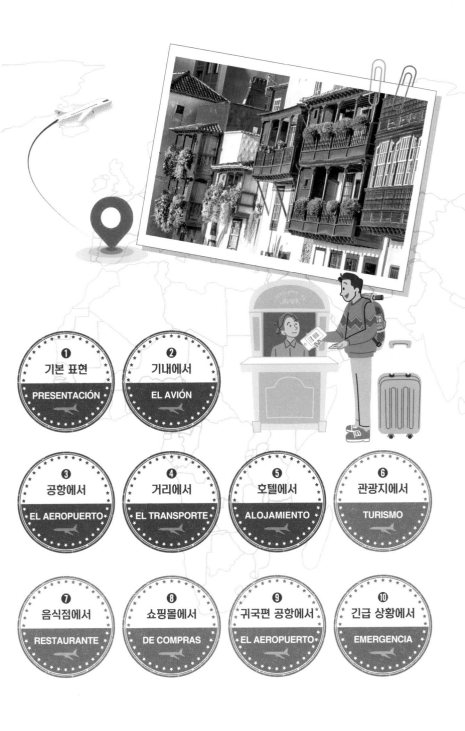

❶
기본 표현
PRESENTACIÓN

❷
기내에서
EL AVIÓN

❸
공항에서
EL AEROPUERTO

❹
거리에서
EL TRANSPORTE

❺
호텔에서
ALOJAMIENTO

❻
관광지에서
TURISMO

❼
음식점에서
RESTAURANTE

❽
쇼핑몰에서
DE COMPRAS

❾
귀국편 공항에서
EL AEROPUERTO

❿
긴급 상황에서
EMERGENCIA

___월 ___일 ☀ ☁ ☂ ☄

방을 예약하려고 하는데요.

메 구스따리아 레세르바르 우나 아비따씨온
Me gustaría reservar una habitación.

🎧 음성을 듣고 따라 말하며 써 보세요.

☑ Me gustaría reservar una habitación.

☐

☐

🔊 이런 표현도 있어요.

❶ 예약을 안 했는데요.

노 이쎄 우나 레세르바

☐ No hice una reserva.

❷ 빈방 있나요?

아이 우나 아비따씨온 리브레

☐ ¿Hay una habitación libre?

전망 좋은 데로 주세요.

끼에로 우나 아비따씨온 꼰 부에나스 비스따스

Quiero una habitación con buenas vistas.

🎧 음성을 듣고 따라 말하며 써 보세요.

☑ Quiero una habitación con buenas vistas.

☐ _____

☐ _____

📢 이런 표현도 있어요.

❶ 바다 전망으로 하고 싶어요.

끼에로 우나 아비따씨온 꼰 비스따스 알 마르

☐ Quiero una habitación con vistas al mar.

❷ 싱글 침대로 주세요.

우나 까마 인디비두알, 뽀르 파보르

☐ Una cama individual, por favor.

___월 ___일 ☀ ☁ ☂

싱글룸으로 주세요.

데메 우나 아비따씨온 인디비두알, 뽀르 파보르
Deme una habitación individual, por favor.

🎧 **음성을 듣고 따라 말하며 써 보세요.**

☑ Deme una habitación individual, por favor.

☐ _____

☐ _____

🔊 **이런 표현도 있어요.**

❶ 하룻밤에 얼마예요?

꾸안또 꾸에스따 우나 노체

☐ ¿Cuánto cuesta una noche?

❷ 더블룸은 얼마예요?

꾸안또 꾸에스따 우나 아비따씨온 도블레

☐ ¿Cuánto cuesta una habitación doble?

방을 업그레이드하면 얼마예요?

꾸안또 꾸에스따 라 메호라 데 아비따씨온
¿Cuánto cuesta la mejora de habitación?

🎧 음성을 듣고 따라 말하며 써 보세요.

☑ ¿Cuánto cuesta la mejora de habitación?

☐ _____

☐ _____

🔊 이런 표현도 있어요.

❶ 조식을 포함하면 얼마예요?

꾸안또 꾸에스따 인끌루이르 엘 데싸유노
☐ ¿Cuánto cuesta incluir el desayuno?

❷ 할인되나요?

아이 데스꾸엔또
☐ ¿Hay descuento?

체크인 때까지 짐 좀 맡아 주세요.

구아르데 미 에끼빠헤 아스따 엘 레히스뜨로, 뽀르 파보르
Guarde mi equipaje hasta el registro, por favor.

🎧 음성을 듣고 따라 말하며 써 보세요.

☑ Guarde mi equipaje hasta el registro, por favor.

☐ _____

☐ _____

📢 이런 표현도 있어요.

❶ 체크인은 몇 시인가요?

아 께 오라 에스 엘 레히스뜨로

☐ ¿A qué hora es el registro?

_____

❷ 한국어 하실 수 있는 분 있나요?

아이 알기엔 께 뿌에다 아블라르 꼬레아노

☐ ¿Hay alguien que pueda hablar coreano?

_____

체크인하고 싶은데요.

메 구스따리아 레히스뜨라르메
Me gustaría registrarme.

🎧 음성을 듣고 따라 말하며 써 보세요.

☑ Me gustaría registrarme.

☐ _____

☐ _____

📢 이런 표현도 있어요.

❶ 체크인은 어디서 하나요?

돈데 아고 엘 레히스뜨로

☐ ¿Dónde hago el registro?

❷ 싱글 침대로 주세요.

우나 까마 인디비두알, 뽀르 파보르

☐ Una cama individual, por favor.

99

___월 ___일

체크아웃은 몇 시까지인가요?

아 께 오라 뗑고 께 데하르 라 아비따씨온
¿A qué hora tengo que dejar la habitación?

🎧 음성을 듣고 따라 말하며 써 보세요.

☑ ¿A qué hora tengo que dejar la habitación?

☐ _____

☐ _____

📢 이런 표현도 있어요.

❶ 할인은 없나요?

노 아이 데스꾸엔또
☐ ¿No hay descuento?

❷ 현금으로 할게요.

빠가레 엔 에펙띠보
☐ Pagaré en efectivo.

___월 ___일

조식은 몇 시부터 제공하나요?

아 께 오라 씨르벤 엘 데싸유노
¿A qué hora sirven el desayuno?

🎧 음성을 듣고 따라 말하며 써 보세요.

☑ ¿A qué hora sirven el desayuno?

☐ _____

☐ _____

📢 이런 표현도 있어요.

❶ 조식은 어디서 먹나요?

돈데 에스 엘 데싸유노
☐ ¿Dónde es el desayuno?

❷ 조식으로 뭐가 있죠?

께 아이 데 데싸유노
☐ ¿Qué hay de desayuno?

여기 1103호인데요.

에스 라 아비따씨온 밀 씨엔또 뜨레스
Es la habitación 1103(mil ciento tres).

🎧 음성을 듣고 따라 말하며 써 보세요.

☑ Es la habitación 1103(mil ciento tres).

☐

☐

🔊 이런 표현도 있어요.

❶ 제 방을 못 찾겠어요.

노 엔꾸엔뜨로 미 아비따씨온
☐ No encuentro mi habitación.

❷ 짐 올려 주실 수 있나요?

뿌에데 쑤비르 미 에끼빠헤, 뽀르 파보르
☐ ¿Puede subir mi equipaje, por favor?

와이파이 비밀번호가 뭐예요?

꾸알 에스 라 꼰뜨라세냐 델 위피
¿Cuál es la contraseña del wifi?

🎧 음성을 듣고 따라 말하며 써 보세요.

☑ ¿Cuál es la contraseña del wifi?

☐ _____

☐ _____

🔊 이런 표현도 있어요.

❶ 인터넷이 안 돼요.

엘 인떼르넷 노 푼씨오나

☐ El internet no funciona.

❷ 어디에서 컴퓨터를 사용할 수 있나요?

돈데 뿌에도 우사르 라 꼼뿌따도라

☐ ¿Dónde puedo usar la computadora?

___월 ___일

수영장은 몇 층에 있나요?

엔 께 삐쏘 에스따 라 삐스씨나
¿En qué piso está la piscina?

🎧 음성을 듣고 따라 말하며 써 보세요.

☑ ¿En qué piso está la piscina?

☐

☐

📣 이런 표현도 있어요.

❶ 스파는 몇 층에 있나요?

엔 께 삐쏘 에스따 엘 스빠
☐ ¿En qué piso está el spa?

❷ 4층에 있어요.

에스따 엔 엘 꾸아르또 삐쏘
☐ Está en el cuarto piso.

___월 ___일

수건 좀 더 가져다 주시겠어요?

뽀드리아 뜨라에르메 마스 또아야스, 뽀르 파보르
¿Podría traerme más toallas, por favor?

🎧 음성을 듣고 따라 말하며 써 보세요.

☑ ¿Podría traerme más toallas, por favor?

☐ _____

☐ _____

🔊 이런 표현도 있어요.

❶ 더 큰 수건을 가져다 주세요.

뜨라이가메 또아야스 마스 그란데스, 뽀르 파보르

☐ Tráigame toallas más grandes, por favor.

❷ (룸) 키 하나 더 주시겠어요?

메 뿌에데 다르 우나 야베 마스, 뽀르 파보르

☐ ¿Me puede dar una llave más, por favor?

방을 청소해 주세요.

림삐에 미 아비따씨온, 뽀르 파보르
Limpie mi habitación, por favor.

🎧 음성을 듣고 따라 말하며 써 보세요.

☑ Limpie mi habitación, por favor.

☐ _____

☐ _____

📢 이런 표현도 있어요.

❶ 모닝콜 서비스를 이용하고 싶어요.

끼에로 우사르 엘 세르비씨오 데 알라르마

☐ Quiero usar el servicio de alarma.

❷ 룸서비스를 받고 싶은데요.

끼에로 뻬디르 세르비씨오 데 아비따씨오네스

☐ Quiero pedir servicio de habitaciones.

___월 ___일 ☀ ☁ ☂ ❄

이 호텔에 공항 셔틀버스가 있나요?

에스떼 오뗄 띠에네 세르비씨오 데 뜨란스뽀르떼 알 아에로뿌에르또
¿Este hotel tiene servicio de transporte al aeropuerto?

🎧 음성을 듣고 따라 말하며 써 보세요.

☑ ¿Este hotel tiene servicio de transporte al aeropuerto?

☐ _____

☐ _____

📢 이런 표현도 있어요.

❶ 택시 좀 불러 주시겠어요?

뽀드리아 야마르메 운 딱시

☐ ¿Podría llamarme un taxi?

❷ 공항버스는 어디에서 탈 수 있나요?

돈데 뿌에도 또마르 엘 아우또부스 델 아에로뿌에르또

☐ ¿Dónde puedo tomar el autobús del aeropuerto?

방에 카드키를 두고 나왔어요.

데헤 미 야베 마그네띠까 엔 라 아비따씨온
Dejé mi llave magnética en la habitación.

🎧 음성을 듣고 따라 말하며 써 보세요.

☑ Dejé mi llave magnética en la habitación.

☐

☐

📣 이런 표현도 있어요.

❶ 제 방 키를 잃어버렸어요.

뻬르디 라 야베 데 미 아비따씨온

☐ Perdí la llave de mi habitación.

❷ 방에 갇혔어요.

에스또이 아따스까다 엔 미 아비따씨온

☐ Estoy atascada en mi habitación.

_____ 월 _____ 일

에어컨이 안 나오는 거 같아요.

끄레오 께 엘 아이레 아꼰디씨오나도 노 푼씨오나

Creo que el aire acondicionado no funciona.

🎧 음성을 듣고 따라 말하며 써 보세요.

☑ Creo que el aire acondicionado no funciona.

☐ _____

☐ _____

🔊 이런 표현도 있어요.

❶ TV가 안 나와요.

라 뗄레비씨온 노 푼씨오나

☐ La televisión no funciona.

❷ 드라이기가 망가졌어요.

엘 쎄까도르 에스따 로또

☐ El secador está roto.

인터넷이 안 돼요.

노 뿌에도 악쎄데르 아 인떼르넷
No puedo acceder a internet.

🎧 음성을 듣고 따라 말하며 써 보세요.

☑ No puedo acceder a internet.

☐

☐

🔊 이런 표현도 있어요.

❶ 인터넷은 어디서 사용할 수 있나요?

돈데 뿌에도 우사르 엘 인떼르넷

☐ ¿Dónde puedo usar el internet?

❷ 와이파이가 안 터져요.

엘 위피 노 푼씨오나

☐ El wifi no funciona.

뜨거운 물이 안 나와요.

노 아이 아구아 깔리엔떼
No hay agua caliente.

🎧 음성을 듣고 따라 말하며 써 보세요.

☑ No hay agua caliente.

☐ _____

☐ _____

🔊 이런 표현도 있어요.

❶ 물이 너무 뜨거워요.

엘 아구아 에스따 데마씨아도 깔리엔떼

☐ El agua está demasiado caliente.

❷ 물 온도 조절을 할 수가 없어요.

노 뿌에도 아후스따르 라 뗌뻬라뚜라 델 아구아

☐ No puedo ajustar la temperatura del agua.

111

 ___월 ___일

(침대) 시트가 더러워요, 바꿔 주세요.

라스 사바나스 에스딴 수씨아스, 깜비에멜라스 뽀르 파보르
Las sábanas están sucias, cámbiemelas, por favor.

🎧 음성을 듣고 따라 말하며 써 보세요.

☑ Las sábanas están sucias, cámbiemelas, por favor.

☐ _____

☐ _____

📣 이런 표현도 있어요.

❶ 깨끗한 수건을 가져다 주세요.

뜨라이가메 또아야스 림삐아스, 뽀르 파보르
☐ Tráigame toallas limpias, por favor.

❷ 화장실 청소가 안 되어 있어요.

엘 바뇨 노 에스따 림삐오
☐ El baño no está limpio.

변기가 막혔어요.

엘 이노도로 에스따 블로께아도
El inodoro está bloqueado.

🎧 음성을 듣고 따라 말하며 써 보세요.

☑️ El inodoro está bloqueado.

☐ _____

☐ _____

📢 이런 표현도 있어요.

❶ 물이 안 나와요.

노 쌀레 아구아

☐ No sale agua.

❷ 화장실 문이 안 열려요.

노 쎄 아브레 라 뿌에르따 델 바뇨

☐ No se abre la puerta del baño.

지금 체크아웃할게요.

보이 아 데하르 라 아비따씨온 아오라

Voy a dejar la habitación ahora.

🎧 음성을 듣고 따라 말하며 써 보세요.

☑ Voy a dejar la habitación ahora.

☐ _____

☐ _____

📢 이런 표현도 있어요.

❶ 추가 요금은 얼마인가요?

뿌에도 아쎄르 엘 첵-아웃 마스 뗌쁘라노

☐ ¿Puedo hacer el check-out más temprano?

❷ 좀 늦게 체크아웃해도 되나요?

뿌에도 아쎄르 엘 첵-아웃 운 뽀꼬 마스 따르데

☐ ¿Puedo hacer el check-out un poco más tarde?

하루 더 연장하고 싶어요.

끼에로 엑스뗀데르 운 디아 마스

Quiero extender un dia más.

🎧 음성을 듣고 따라 말하며 써 보세요.

☑ Quiero extender un dia más.

☐ _____

☐ _____

🔊 이런 표현도 있어요.

❶ 체크아웃은 좀 있다가 하려고요.

끼에로 쌀리르 마스 따르데

☐ Quiero salir más tarde.

❷ 짐 좀 맡아 주시겠어요?

뿌에데 구아르다르 미 에끼빠헤, 뽀르 파보르

☐ ¿Puede guardar mi equipaje, por favor?

115

_____월 _____일 ☀ ☁ ☂ ☔

이건 무슨 요금이죠?

빠라 께 에스 에스따 깐띠닷
¿Para qué es esta cantidad?

🎧 음성을 듣고 따라 말하며 써 보세요.

☑ ¿Para qué es esta cantidad?

☐ _____

☐ _____

🔊 이런 표현도 있어요.

❶ 추가 요금은 얼마인가요?

꾸알 에스 엘 까르고 아디씨오날
☐ ¿Cuál es el cargo adicional?

❷ 요금이 잘못 나온 것 같아요.

끄레오 께 메 꼬브라론 말
☐ Creo que me cobraron mal.

___월 ___일 ☀ ☁ ☂ ☇

계산이 잘못된 거 같아요.

빠레쎄 께 라 꾸엔따 노 에스 꼬렉따
Parece que la cuenta no es correcta.

🎧 음성을 듣고 따라 말하며 써 보세요.

☑ Parece que la cuenta no es correcta.

☐ _____

☐ _____

📢 이런 표현도 있어요.

❶ 계산서 보여 주세요.

무에스뜨레메 라 꾸엔따, 뽀르 파보르

☐ Muéstreme la cuenta, por favor.

❷ 신용카드도 받나요?

아쎕딴 따르헤따스 데 끄레디또

☐ ¿Aceptan tarjetas de crédito?

호텔에서

방	habitación	아비따씨온
도미토리	dormitorio	도르미또리오
산 전망	vistas a la montaña	비스따스 아 라 몬따냐
바다 전망	vistas al mar	비스따스 알 마르
싱글 침대	cama individual	까마 인디비두알
트윈 침대	cama gemelas	까마 헤멜라스
조식	desayuno	데싸유노
룸서비스	servicio de habitaciones	세르비씨오 데 아비따씨오네스
수영장	piscina	삐스씨나
세탁기	lavadora	라바도라
방 키	llave de la habitación	야베 데 라 아비따씨온
객실 용품	servicio del hotel	세르비씨오 델 오뗄
수건	toalla	또아야
드라이기	secador	쎄까도르
TV	televisión	뗄레비씨온
에어컨	aire acondicionado	아이레 아꼰디씨오나도
인터넷	internet	인떼르넷
와이파이 비밀번호	la contraseña del wifi	라 꼰뜨라쎄냐 델 위피
보증금	depósito	데뽀씨또
고장이에요.	no funciona.	노 푼씨오나

 **멕시코**

1. 수도: 멕시코 시티(Ciudad de México)
2. 화폐: 멕시코 페소(MXN)
3. 대사관: Lope Diaz de Armendariz 110, Col. Lomas de Virreyes Del. Miguel Hidalgo, México D.F TEL. +52-55-5202-9866
4. 긴급전화: 통합응급번호 911, 의료 065, 경찰 066/088
5. 위험지역: 셀라야시, 티후아나시, 후레아스시, 오르레곤시, 이라푸아토시, 엔세나 다시, 우루아판시, 북부 국경 지역(따마우리빠스, 누에보 레온, 치와와, 미초아간, 두랑고, 쏘노라, 씬알로아, 게레로, 바하깔리포르니아)

✈ 칸쿤(Cancún)

칸쿤은 세계관광기구(UNWTO)에서 선정한 세계 최고의 관광지로 손꼽힙니다. 이곳에는 세계에서 가장 아름다운 10대 해변 중 하나로 선정된 툴룸(Tulum) 해변도 있고, 마야 유적지도 함께 볼 수 있어요. 여유가 된다면 배낭여행자와 스쿠버다이버들의 성지인 플라야 델 카르멘(Playa del Carmen)도 방문해 보세요.

✈ 태양의 피라미드(Pirámide del Sol)

멕시코 시티 근교에는 기원전 2세기에 세워진 고대 문명 도시, 테오티우칸(Teotihuacan)이 있습니다. 이후 이를 발견한 아즈텍인들은 이곳에 태양과 달의 신화를 만들었지요. 그래서 이곳에 있는 피라미드를 '태양의 피라미드(Pirámide del Sol)'라고 부른답니다.

✈ 타코(Tacos al pastor)

멕시코에서 가장 유명한 음식은 바로 타코입니다. 특히, 돼지고기를 활용한 따꼬스 알 빠스또르(Tacos al pastor)가 일반적이며, 쇠고기나 곱창을 넣은 것도 즐겨 먹습니다. 그 위에 다양한 소스와 치즈, 고수 등을 올려 다양하게 맛보세요.

✈ 칠레 엔 노가다(Chile en nogada)

고추 안에 잘게 다진 고기와 과일을 채워 익힌 후에 호두소스, 미나리, 석류 등을 곁들여 먹는 음식입니다. 호두소스(하얀색), 미나리(초록색), 석류(빨간색)의 색깔 때문에 멕시코를 상징하는 음식으로 여겨, 독립기념일에 즐겨 먹습니다.

6

관광지에서

TURISMO

❶
기본 표현
PRESENTACIÓN

❷
기내에서
EL AVIÓN

❸
공항에서
EL AEROPUERTO

❹
거리에서
EL TRANSPORTE

❺
호텔에서
ALOJAMIENTO

❻
관광지에서
TURISMO

❼
음식점에서
RESTAURANTE

❽
쇼핑몰에서
DE COMPRAS

❾
귀국편 공항에서
EL AEROPUERTO

❿
긴급 상황에서
EMERGENCIA

 ___월 ___일 ☀ ☁ ☂

관광안내소는 어디예요?

돈데 에스따 라 오피씨나 데 인포르마씨온 뚜리스띠까

¿Dónde está la Oficina de Información Turística?

🎧 음성을 듣고 따라 말하며 써 보세요.

☑ ¿Dónde está la Oficina de Información Turística?

☐ _____

☐ _____

📢 이런 표현도 있어요.

❶ 여기서 가까운 안내소는 어디예요?

돈데 에스따 라 까쎄따 데 인포르마씨온 마스 쎄르까나 데 아끼

☐ ¿Dónde está la caseta de información más cercana de aquí?

❷ 안내소는 여기서 멀어요?

에스따 라 까쎄따 데 인포르마씨온 레호스 데 아끼

☐ ¿Está la caseta de información lejos de aquí?

___월 ___일 ☀ ☁ ☂ ☼

한국어로 된 여행 가이드북 있나요?

아이 운 기아 뚜리스띠꼬 엔 꼬레아노
¿Hay un guía turístico en coreano?

🎧 음성을 듣고 따라 말하며 써 보세요.

☑ ¿Hay un guía turístico en coreano?

☐

☐

🔊 이런 표현도 있어요.

❶ 브로슈어는 어디서 구해요?

엔 돈데 뿌에또 꼰쎄기르 엘 포예또
☐ ¿En dónde puedo conseguir el folleto?

❷ 브로슈어 하나 주세요.

데메 운 포예또, 뽀르 파보르
☐ Deme un folleto, por favor.

가 볼 만한 곳을 추천해 주시겠어요?

뽀드리아 레꼬멘다르메 루가레스 뚜리스띠꼬스
¿Podría recomendarme lugares turísticos?

🎧 **음성을 듣고 따라 말하며 써 보세요.**

☑ ¿Podría recomendarme lugares turísticos?

☐

☐

🔊 **이런 표현도 있어요.**

❶ 추천할 만한 볼거리가 있나요?

께 메 레꼬미엔다 빠라 베르

☐ ¿Qué me recomienda para ver?

❷ 추천하는 코스가 있나요?

아이 알구나 루따 레꼬멘다블레

☐ ¿Hay alguna ruta recomendable?

관광 명소 좀 추천해 주세요.

레꼬미엔데메 우나스 아뜨락씨오네스 뚜리스띠까스, 뽀르 파보르

Recomiendeme unas atracciones turísticas, por favor.

🎧 음성을 듣고 따라 말하며 써 보세요.

☑ Recomiendeme unas atracciones turísticas, por favor.

☐ _____

☐ _____

🔊 이런 표현도 있어요.

❶ 추천하는 코스가 있나요?

아이 알구나 루따 레꼬멘다블레

☐ ¿Hay alguna ruta recomendable?

❷ 시티 투어 지도가 있나요?

띠에네 운 마빠 빠라 엘 레꼬리도 뽀르 라 씨우닷

☐ ¿Tiene un mapa para el recorrido por la ciudad?

___월 ___일 ☀ ☁ ☂ ☼

여기서 걸어서 갈 수 있나요?

뿌에도 이르 아 삐에 데스데 아끼
¿Puedo ir a pie desde aquí?

🎧 **음성을 듣고 따라 말하며 써 보세요.**

☑ ¿Puedo ir a pie desde aquí?

☐ _____

☐ _____

📢 **이런 표현도 있어요.**

❶ 제일 유명한 관광 명소가 어디예요?

꾸알 에스 라 아뜨락씨온 뚜리스띠까 마스 파모싸 데 아끼
☐ ¿Cuál es la atracción turística más famosa de aquí?

_____

❷ 입장료가 얼마죠?

꾸안또 꾸에스따 라 엔뜨라다
☐ ¿Cuánto cuesta la entrada?

_____

시티 투어를 예약하고 싶은데요.

끼에로 레세르바르 라 비시따 아 라 씨우닷
Quiero reservar la visita a la ciudad.

🎧 음성을 듣고 따라 말하며 써 보세요.

☑ Quiero reservar la visita a la ciudad.

☐ _____

☐ _____

📢 이런 표현도 있어요.

❶ 시티 투어를 예약하고 싶은데요.

끼에로 레세르바르 엘 레꼬리도 뽀르 라 씨우닷

☐ Quiero reservar el recorrido por la ciudad.

❷ 시티 투어 자리가 있나요?

띠에네 쁠라싸스 빠라 엘 레꼬리도 뽀르 라 씨우닷

☐ ¿Tiene plazas para el recorrido por la ciudad?

 ___월 ___일 ☀ ☁ ☔ ☂

입장권은 어디에서 살 수 있나요?

돈데 뿌에도 꼼쁘라르 라스 엔뜨라다스
¿Dónde puedo comprar las entradas?

🎧 음성을 듣고 따라 말하며 써 보세요.

☑ ¿Dónde puedo comprar las entradas?

☐

☐

📢 이런 표현도 있어요.

❶ 매표소는 어디예요?

돈데 에스따 라 따끼야 데 비예떼스

☐ ¿Dónde está la taquilla de billetes?

❷ 매표소가 근처에 있나요?

에스따 쎄르까 라 따끼야 데 비예떼스

☐ ¿Está cerca la taquilla de billetes?

___월 ___일 ☀ ☁ ☂ ☃

입장권은 얼마예요?

꾸안또 꾸에스따 라 엔뜨라다
¿Cuánto cuesta la entrada?

🎧 음성을 듣고 따라 말하며 써 보세요.

☑ ¿Cuánto cuesta la entrada?

☐ _____

☐ _____

🔊 이런 표현도 있어요.

❶ 어린이 요금은 얼마예요?

꾸안또 꾸에스따 빠라 니뇨스
☐ ¿Cuánto cuesta para niños?

❷ 할인되나요?

아이 데스꾸엔또
☐ ¿Hay descuento?

129

이 박물관은 입장권을 사야 하나요?

네쎄시또 꼼쁘라르 우나 엔뜨라다 빠라 에스떼 무세오
¿Necesito comprar una entrada para este museo?

🎧 음성을 듣고 따라 말하며 써 보세요.

☑ ¿Necesito comprar una entrada para este museo?

☐ _____

☐ _____

📢 이런 표현도 있어요.

❶ 할인된 가격인가요?

에스 엘 쁘레씨오 꼰 데스꾸엔또

☐ ¿Es el precio con descuento?

❷ 입장권으로 다 볼 수 있나요?

라 엔뜨라다 꾸브레 또도

☐ ¿La entrada cubre todo?

이거 설명해 주세요.

엑스쁠리께메 에스또, 뽀르 파보르
Explíqueme esto, por favor.

🎧 음성을 듣고 따라 말하며 써 보세요.

☑ Explíqueme esto, por favor.

☐ _____

☐ _____

🔊 이런 표현도 있어요.

❶ 설명해 주시는 분이 있나요?

아이 알군 나라도르

☐ ¿Hay algún narrador?

❷ 한국어로 된 설명도 있나요?

띠에네 엑스쁠리까씨온 엔 꼬레아노

☐ ¿Tiene explicación en coreano?

몇 시에 문을 닫나요?

아 께 오라 씨에란
¿A qué hora cierran?

🎧 **음성을 듣고 따라 말하며 써 보세요.**

☑ ¿A qué hora cierran?

☐ _____

☐ _____

📢 **이런 표현도 있어요.**

❶ 영업시간이 어떻게 되나요?

꾸알 에스 쑤 오라리오 꼬메르씨알
☐ ¿Cuál es su horario comercial?

❷ 언제 문을 열어요?

꾸안도 아브렌
☐ ¿Cuándo abren?

132

___월 ___일

기념품 가게가 있나요?

아이 띠엔다 데 수베니르스
¿Hay tienda de souvenirs?

🎧 음성을 듣고 따라 말하며 써 보세요.

☑ ¿Hay tienda de souvenirs?

☐ _____

☐ _____

🔊 이런 표현도 있어요.

❶ 선물 가게는 어디 있나요?

돈데 아이 우나 띠엔다 데 레갈로스
☐ ¿Dónde hay una tienda de regalos?

❷ 기념품을 사려고요.

끼에로 꼼쁘라르 수베니르스
☐ Quiero comprar souvenirs.

사진 좀 찍어 주시겠어요?

뽀드리아 또마르메 우나 포또, 뽀르 파보르
¿Podría tomarme una foto, por favor?

🎧 음성을 듣고 따라 말하며 써 보세요.

☑ ¿Podría tomarme una foto, por favor?

☐ _____

☐ _____

📢 이런 표현도 있어요.

❶ 사진 좀 찍어 주시겠어요?

메 뿌에데 또마르 우나 포또, 뽀르 파보르
☐ ¿Me puede tomar una foto, por favor?

❷ 이거랑 같이 찍어 주세요.

또마메 우나 포또 꼰 에스또, 뽀르 파보르
☐ Tómame una foto con esto, por favor.

여기서 사진 찍어도 되나요?

뿌에도 또마르메 우나 포또 아끼
¿Puedo tomarme una foto aquí?

🎧 음성을 듣고 따라 말하며 써 보세요.

☑ ¿Puedo tomarme una foto aquí?

☐ _____

☐ _____

📣 이런 표현도 있어요.

❶ 사진 촬영은 불가합니다.

노 에스따 뻬르미띠도 또마르 포또스

☐ No está permitido tomar fotos.

❷ 같이 사진 찍어도 될까요?

뿌데모스 또마르노스 우나 포또 훈또스

☐ ¿Podemos tomarnos una foto juntos?

135

제가 사진 찍어 드릴까요?

끼에레 께 레 또메 라 포또
¿Quiere que le tome la foto?

🎧 음성을 듣고 따라 말하며 써 보세요.

☑ ¿Quiere que le tome la foto?

☐

☐

📢 이런 표현도 있어요.

❶ 하나, 둘, 셋, 치즈!

우노, 도스, 뜨레스, 디가 '치스'

☐ ¡Uno, dos, tres, diga 'cheese'!

❷ 사진 좀 찍어 주실래요?

뽀드리아 또마르메 우나 포또, 뽀르 파보르

☐ ¿Podría tomarme una foto, por favor?

내일 저녁 공연 표를 사고 싶은데요.

끼에로 꼼쁘라르 우나 엔뜨라다 빠라 마냐나, 세시온 데 노체

Quiero comprar una entrada para mañana, sesión de noche.

🎧 음성을 듣고 따라 말하며 써 보세요.

☑ Quiero comprar una entrada para mañana, sesión de noche.

☐ _____

☐ _____

🔊 이런 표현도 있어요.

❶ 티켓 예매하려고요.

끼에로 아쎄르 우나 레세르바

☐ Quiero hacer una reserva.

_____

❷ 이 공연 스케줄이 어떻게 되나요?

꾸알 에스 엘 오라리오 데 에스떼 에스뻭따꿀로

☐ ¿Cuál es el horario de este espectáculo?

_____

137

무대와 가까운 좌석을 원해요.

메 구스따리아 운 아시엔또 마스 쎄르까노 알 에쎄나리오
Me gustaría un asiento más cercano al escenario.

🎧 음성을 듣고 따라 말하며 써 보세요.

☑ Me gustaría un asiento más cercano al escenario.

☐

☐

📢 이런 표현도 있어요.

❶ 앞좌석으로 주세요.

데메 운 아시엔또 델란떼로, 뽀르 파보르

☐ Deme un asiento delantero, por favor.

❷ 좋은 자리로 주세요.

데메 운 부엔 아시엔또, 뽀르 파보르

☐ Deme un buen asiento, por favor.

___월 ___일

매진되었나요?

에스따 아고따도
¿Está agotado?

🎧 음성을 듣고 따라 말하며 써 보세요.

☑ ¿Está agotado?

☐ _____

☐ _____

🔊 이런 표현도 있어요.

❶ 아예 표가 없어요?

야 노 띠에네 닝군 비예떼

☐ ¿Ya no tiene ningún billete?

_____

❷ 다음 공연은 몇 시에 시작하나요?

아 께 오라 엠뻬에싸 엘 씨기엔떼 에스뻭따꿀로

☐ ¿A qué hora empieza el siguiente espectáculo?

_____

공연 시간은 얼마나 되나요?

꾸안또 띠엠뽀 두라 엘 에스뻭따꿀로
¿Cuánto tiempo dura el espectáculo?

🎧 음성을 듣고 따라 말하며 써 보세요.

☑ ¿Cuánto tiempo dura el espectáculo?

☐

☐

📢 이런 표현도 있어요.

❶ 공연 중에 사진 찍어도 되나요?

뿌에도 또마르 포또스 두란떼 엘 에스뻭따꿀로

☐ ¿Puedo tomar fotos durante el espectáculo?

❷ 휴식 시간이 있나요?

아이 데스깐쏘

☐ ¿Hay descanso?

___월 ___일

한국어 자막이 있나요?

띠에네 쑵띠뚤로스 엔 꼬레아노
¿Tiene subtítulos en coreano?

🎧 음성을 듣고 따라 말하며 써 보세요.

☑ ¿Tiene subtítulos en coreano?

☐ _____

☐ _____

🔊 이런 표현도 있어요.

❶ 영어 자막이 있나요?

띠에넨 쑵띠뚤로스 엔 잉글레스
☐ ¿Tienen subtítulos en inglés?

❷ 주연 배우는 유명해요?

에스 파모쏘 엘 악또르 쁘린씨빨
☐ ¿Es famoso el actor principal?

141

조용히 해 주세요.

씰렌씨오, 뽀르 파보르
Silencio, por favor.

🎧 음성을 듣고 따라 말하며 써 보세요.

☑ Silencio, por favor.

☐ _____

☐ _____

📢 이런 표현도 있어요.

❶ 휴대폰 좀 꺼 주세요.

아빠헤 수 뗄레포노, 뽀르 파보르

☐ Apague su teléfono, por favor.

_____

❷ 제 자리를 찾아야 해요.

네쎄시또 엔꼰뜨라르 미 아시엔또

☐ Necesito encontrar mi asiento.

_____

발 마사지를 받고 싶어요.

끼에로 운 마사헤 엔 로스 삐에스
Quiero un masaje en los pies.

🎧 **음성을 듣고 따라 말하며 써 보세요.**

☑ Quiero un masaje en los pies.

☐

☐

🔊 **이런 표현도 있어요.**

❶ 이 근처에 마사지 숍이 있나요?

아이 우나 띠엔다 데 마사헤스 뽀르 아끼

☐ ¿Hay una tienda de masajes por aquí?

❷ 좀 더 세게 해 주세요.

운 뽀꼬 마스 푸에르떼, 뽀르 파보르

☐ Un poco más fuerte, por favor.

143

관광지에서

개관 시간	horario de apertura	오라리오 데 아뻬르뚜라
폐관 시간	horario de cierre	오라리오 데 씨에레
매표소	taquilla	따끼야
입구	entrada	엔뜨라다
출구	salida	쌀리다
할인	descuento	데스꾸엔또
무료	gratis / gratuito	그라띠스 / 그라뚜이또
어른	adulto	아둘또
공연	espectáculo	에스뻭따꿀로
연극	teatro	떼아뜨로
배우(남) / (여)	actor / actriz	악또르 / 악뜨리스
브로슈어	folleto	포예또
지도, 배치도	plano	쁠라노
좌석	asiento	아시엔또
자막	subtítulo	쑵띠뚤로
휴식	descanso	데스깐쏘
화장실	baño	바뇨
매진된	agotado	아고따도
시작하다	empezar	엠뻬싸르
사진을 찍다	tomar una foto	또마르 우나 포또

 **트립 어드바이스** 아르헨티나

1. 수도: 부에노스아이레스(Buenos Aires)
2. 화폐: 아르헨티나 페소(ARS)
3. 대사관: Av. Del Libertador 2395, Ciudad Autónoma de Buenos Aires
   TEL. +54-11-4802-8865
4. 긴급전화: 통합응급번호 911, 의료 107, 경찰 101

✈ 탱고(Tango)

탱고는 아르헨티나를 대표하는 문화유산으로, 정열적인 음악에 맞추어 화려한 몸짓으로 표현됩니다. 탱고는 부에노스아이레스에서 기원된 것으로 알려졌는데, 이 지역 원주민들과 이주해 온 유럽인, 아프리카 노예들이 함께 생활하면서 만들어진 독특한 문화의 하나입니다. 즉 탱고는 인종적 다양성과 문화적 소통을 잘 표현하는 문화라 하겠습니다. 탱고의 발상지라 알려진 라 보카 지역 까미니또(Caminito)에 가면 거리 곳곳에서 탱고 공연을 즐길 수도 있답니다.

✈ 이구아수 폭포(Puerto Iguazú)

아르헨티나와 브라질에 걸쳐 있는 이구아수 강의 하류에 위치한 폭포입니다. 그 크기가 북미의 나이아가라 폭포보다 2배 정도 크지요. 이곳을 방문한다면 이구아수 폭포의 진면목을 볼 수 있는 '악마의 목구멍'이나 산책로를 따라 폭포의 전경을 즐길 수 있는 이구아수 국립공원을 찾아보세요.

✈ 소고기

아르헨티나는 목축업이 발달해서 육류 요리가 많이 발달해 있습니다. 그중 소의 갈비뼈 부분을 바비큐로 만든 아싸도(Asado)는 아르헨티나 카우보이인 가우초가 즐겨먹던 것이 지금까지 이어져 온 음식입니다. 또 아르헨티나 햄버거라 할 수 있는 초리판(Choripan)은 그릴에 구운 소시지를 바게트 빵에 끼워 먹는 음식입니다.

✈ 엠빠나다(Empanada)

소고기, 닭고기, 치즈, 감자, 계란, 옥수수 등 여러 가지 재료를 갈아 반죽 속에 넣어 튀기거나 오븐에 구운 음식입니다. 우리나라 만두와 비슷한 맛으로, 식전 메뉴 또는 간식으로 꼭 먹어 보세요.

7

음식점에서

RESTAURANTE

❶ 기본 표현
PRESENTACIÓN

❷ 기내에서
EL AVIÓN

❸ 공항에서
EL AEROPUERTO

❹ 거리에서
EL TRANSPORTE

❺ 호텔에서
ALOJAMIENTO

❻ 관광지에서
TURISMO

❼ 음식점에서
RESTAURANTE

❽ 쇼핑몰에서
DE COMPRAS

❾ 귀국편 공항에서
EL AEROPUERTO

❿ 긴급 상황에서
EMERGENCIA

2명으로 예약했어요.

떼고 우나 레세르바 빠라 도스 뻬르쏘나스

Tengo una reserva para dos personas.

🎧 **음성을 듣고 따라 말하며 써 보세요.**

☑ Tengo una reserva para dos personas.

☐

☐

🔊 **이런 표현도 있어요.**

❶ 예약 안 했어요.

노 뗑고 레세르바

☐ No tengo reserva.

❷ 내일 저녁 6시로 예약하고 싶은데요.

끼에로 레세르바르 우나 메사 마냐나 아 라스 세이스 데 라 따르데

☐ Quiero reservar una mesa mañana a las 6:00 de la tarde.

___월 ___일

두 사람 자리 있나요?

아이 우나 메사 빠라 도스

¿Hay una mesa para dos?

🎧 **음성을 듣고 따라 말하며 써 보세요.**

☑ ¿Hay una mesa para dos?

☐ _____

☐ _____

📢 **이런 표현도 있어요.**

❶ 2명이고, 제 이름은 루시아입니다.

쏘모스 도스, 메 야모 루시아

☐ Somos dos, me llamo Lucía.

❷ 금연석으로 주세요.

메 구스따리아 우나 메사 빠라 노 푸마도레스

☐ Me gustaría una mesa para no fumadores.

149

얼마나 기다려야 하죠?

꾸안또 띠엠뽀 뗑고 께 에스뻬라르
¿Cuánto tiempo tengo que esperar?

🎧 음성을 듣고 따라 말하며 써 보세요.

☑ ¿Cuánto tiempo tengo que esperar?

☐ _____

☐ _____

🔊 이런 표현도 있어요.

❶ 혼자예요.

쏠로 요

☐ Solo yo.

❷ 예약 안 했어요.

노 뗑고 레세르바

☐ No tengo reserva.

다른 테이블로 옮겨도 될까요?

뿌에도 모베르메 아 오뜨라 메사

¿Puedo moverme a otra mesa?

🎧 음성을 듣고 따라 말하며 써 보세요.

☑ ¿Puedo moverme a otra mesa?

☐ _____

☐ _____

🔊 이런 표현도 있어요.

❶ 테이블이 너무 좁아요.

에스따 메사 에스 무이 뻬께냐

☐ Esta mesa es muy pequeña.

_____

❷ 창가 자리로 주세요.

데메 우나 메사 쎄르까 데 라 벤따나, 뽀르 파보르

☐ Deme una mesa cerca de la ventana, por favor.

_____

___월 ___일 ☀ ☁ ☂ ☼

실례합니다, 주문할게요!

디스꿀뻬, 메 구스따리아 뻬디르
¡Disculpe, me gustaría pedir!

🎧 음성을 듣고 따라 말하며 써 보세요.

☑ ¡Disculpe, me gustaría pedir!

☐ _____

☐ _____

🔊 이런 표현도 있어요.

❶ 주문할게요.

에스또이 리스또 빠라 뻬디르

☐ Estoy listo para pedir.

❷ 주문했어요.

야 뻬디

☐ Ya pedí.

메뉴판 좀 주시겠어요?

뿌에데 뜨라에르메 엘 메누, 뽀르 파보르
¿Puede traerme el menú, por favor?

🎧 음성을 듣고 따라 말하며 써 보세요.

☑ ¿Puede traerme el menú, por favor?

☐

☐

📢 이런 표현도 있어요.

❶ 여기요! (남성일 때/여성일 때)

까마레로 / 쎄뇨리따

☐ ¡Camarero! / ¡Señorita!

❷ 매니저를 불러 주세요.

야메 알 헤렌떼, 뽀르 파보르

☐ Llame al gerente, por favor.

어떤 걸 추천하나요?

께 메 레꼬미엔다
¿Qué me recomienda?

🎧 음성을 듣고 따라 말하며 써 보세요.

☑ ¿Qué me recomienda?

☐ _____

☐ _____

📢 이런 표현도 있어요.

❶ 특별한 메뉴가 있나요?

띠에네 알군 메누 에스뻬씨알

☐ ¿Tiene algún menú especial?

_____

❷ 좋은 와인 추천해 주세요.

레꼬미엔데메 운 부엔 비노, 뽀르 파보르

☐ Recomiéndeme un buen vino, por favor.

_____

스테이크로 할게요.

보이 아 꼬메르 비스떽

Voy a comer bistec.

🎧 음성을 듣고 따라 말하며 써 보세요.

☑ Voy a comer bistec.

☐ _____

☐ _____

🔊 이런 표현도 있어요.

❶ (스테이크 굽기는) 웰던으로 해 주세요.

비엔 꼬씨나도, 뽀르 파보르

☐ Bien cocinado, por favor.

❷ 이거 너무 덜 익었어요.

에스따 뽀꼬 에초

☐ Está poco hecho.

해산물 알레르기가 있어요.

떼고 알레르히아 알 마리스꼬

Tengo alergia al marisco.

🎧 음성을 듣고 따라 말하며 써 보세요.

☑ Tengo alergia al marisco.

☐

☐

🔊 이런 표현도 있어요.

❶ 닭 요리로 할게요.

보이 아 꼬메르 뽀요

☐ Voy a comer pollo.

❷ 닭이 덜 익었어요.

에스떼 뽀요 에스따 뽀꼬 에초

☐ Este pollo está poco hecho.

___월 ___일 ☀ ☁ ☂ ☽

양파 빼 주세요.

씬 쎄보야, 뽀르 파보르
Sin cebolla, por favor.

🎧 음성을 듣고 따라 말하며 써 보세요.

☑ Sin cebolla, por favor.

☐ _____

☐ _____

🔊 이런 표현도 있어요.

❶ 올리브 빼 주세요.

씬 아쎄이뚜나스, 뽀르 파보르

☐ Sin aceitunas, por favor.

❷ 치즈 빼 주세요.

씬 께소, 뽀르 파보르

☐ Sin queso, por favor.

음료는 어떤 게 있나요?

께 아이 데 베비다
¿Qué hay de bebida?

🎧 음성을 듣고 따라 말하며 써 보세요.

☑ ¿Qué hay de bebida?

☐

☐

📢 이런 표현도 있어요.

❶ 그냥 물 주세요.

쏠로 아구아, 뽀르 파보르

☐ Solo agua, por favor.

❷ 탄산수 주세요.

아구아 미네랄, 뽀르 파보르

☐ Agua mineral, por favor.

맥주 주세요.

우나 쎄르베사, 뽀르 파보르
Una cerveza, por favor.

🎧 음성을 듣고 따라 말하며 써 보세요.

☑ Una cerveza, por favor.

☐

☐

📣 이런 표현도 있어요.

❶ 와인 한 잔 주세요.

운 바소 데 비노, 뽀르 파보르

☐ Un vaso de vino, por favor.

❷ 차가운 산 미구엘 맥주 두 병 주세요.

도스 보떼야스 데 쎄르베사 산 미겔 비엔 프리아스, 뽀르 파보르

☐ Dos botellas de cerveza San Miguel bien frías, por favor.

음식 좀 빨리 가져다 주시겠어요?

뽀드리아 쎄르비르메 라 꼬미다 마스 라삐도
¿Podría servirme la comida más rápido?

🎧 음성을 듣고 따라 말하며 써 보세요.

☑ ¿Podría servirme la comida más rápido?

☐ _____

☐ _____

🔊 이런 표현도 있어요.

❶ 소스 좀 더 주시겠어요?

뽀드리아 쎄르비르메 마스 쌀사스, 뽀르 파보르

☐ ¿Podría servirme más salsas, por favor?

❷ 제 샐러드 아직 안 나왔어요.

또다비아 노 아 예가도 미 엔쌀라다

☐ Todavía no ha llegado mi ensalada.

___월 ___일 ☀ ☁ 🌂 ☂

주문한 음식이 아직 안 나왔어요.

또다비아 노 메 안 세르비도 라 꼬미다
Todavía no me han servido la comida.

🎧 **음성을 듣고 따라 말하며 써 보세요.**

☑ Todavía no me han servido la comida.

☐ _____

☐ _____

📢 **이런 표현도 있어요.**

❶ 이건 제가 주문한 게 아닌데요.

에스또 노 에스 로 께 에 뻬디도
☐ Esto no es lo que he pedido.

❷ 이미 오래전에 주문했어요.

야 뻬디 아쎄 무초 띠엠뽀
☐ Ya pedí hace mucho tiempo.

수프가 너무 차가워요.

미 쏘빠 에스따 데마씨아도 프리아
Mi sopa está demasiado fría.

🎧 음성을 듣고 따라 말하며 써 보세요.

☑ Mi sopa está demasiado fría.

☐ _____

☐ _____

🔊 이런 표현도 있어요.

❶ 수프 대신 샐러드로 가져다 주세요.

뜨라이가메 엔쌀라다 엔 베스 데 쏘빠, 뽀르 파보르

☐ Tráigame ensalada en vez de sopa, por favor.

❷ 소스는 따로 가져다 주세요.

뜨라이가메 라 쌀사 아빠르떼, 뽀르 파보르

☐ Tráigame la salsa aparte, por favor.

___월 ___일 ☀ ☁ ☂ ☃

이거 너무 짜요.

에스또 에스따 데마씨아도 쌀라도
Esto está demasiado salado.

🎧 음성을 듣고 따라 말하며 써 보세요.

☑ Esto está demasiado salado.

☐ _____

☐ _____

📢 이런 표현도 있어요.

❶ 데워 주세요.

깔리엔뗄로, 뽀르 파보르

☐ Caliéntelo, por favor.

_____

❷ 소금 좀 주세요.

뜨라이가메 운 뽀꼬 데 쌀, 뽀르 파보르

☐ Tráigame un poco de sal, por favor.

_____

163

___월 ___일

냅킨 좀 주세요.

데메 우나 쎄르비예따, 뽀르 파보르
Deme una servilleta, por favor.

🎧 음성을 듣고 따라 말하며 써 보세요.

☑ Deme una servilleta, por favor.

☐ _____

☐ _____

📢 이런 표현도 있어요.

❶ 포크에 뭐가 있어요.

아이 알고 엔 미 떼네도르

☐ Hay algo en mi tenedor.

❷ 테이블 닦아 주세요.

림삐에 라 메사, 뽀르 파보르

☐ Limpie la mesa, por favor.

___월 ___일 ☀ ☁ ☂ ❄

얼음 많이 주세요.

무초 이엘로, 뽀르 파보르
Mucho hielo, por favor.

🎧 음성을 듣고 따라 말하며 써 보세요.

☑ Mucho hielo, por favor.

☐ _____

☐ _____

📢 이런 표현도 있어요.

❶ 양파는 넣지 말아 주세요.

노 뽕간 쎄보야, 뽀르 파보르

☐ No pongan cebolla, por favor.

_____

❷ 이제 디저트 먹을게요.

아오라 꼬메레 엘 뽀스뜨레

☐ Ahora comeré el postre.

_____

저기요, 계산서 좀 주세요.

디스꿀뻬, 라 꾸엔따, 뽀르 파보르
Disculpe, la cuenta, por favor.

🎧 음성을 듣고 따라 말하며 써 보세요.

☑ Disculpe, la cuenta, por favor.

☐

☐

🔊 이런 표현도 있어요.

❶ 계산서 좀 갖다주실래요?

메 뜨라에 라 꾸엔따, 뽀르 파보르

☐ ¿Me trae la cuenta, por favor?

❷ 전부 얼마죠?

꾸안또 에스 또도

☐ ¿Cuánto es todo?

계산할게요.

보이 아 빠가르 라 꾸엔따

Voy a pagar la cuenta.

🎧 음성을 듣고 따라 말하며 써 보세요.

☑ Voy a pagar la cuenta.

☐ _____

☐ _____

📢 이런 표현도 있어요.

❶ 신용카드도 받나요?

아쎕딴 따르헤따스 데 끄레디또

☐ ¿Aceptan tarjetas de crédito?

❷ 현금으로 지불할게요.

보이 아 빠가르 엔 에펙띠보

☐ Voy a pagar en efectivo.

___월 ___일 ☀ ☁ ☂ ☃

계산서가 잘못됐어요.

라 꾸엔따 에스따 에끼보까다
La cuenta está equivocada.

🎧 음성을 듣고 따라 말하며 써 보세요.

☑ La cuenta está equivocada.

☐

☐

📢 이런 표현도 있어요.

❶ 이 메뉴 안 시켰는데요.

노 뻬디 에스떼 쁠라또

☐ No pedí este plato.

❷ 세금 포함한 금액이에요?

에스따 인끌루이도 엘 인떼레스

☐ ¿Está incluido el interés?

___월 ___일 ☀ ☁ ☂ ☃

거스름돈은 괜찮습니다.

께데쎄 꼰 엘 깜비오

Quédese con el cambio.

🎧 **음성을 듣고 따라 말하며 써 보세요.**

☑ Quédese con el cambio.

☐ _____

☐ _____

📢 **이런 표현도 있어요.**

❶ 거스름돈을 잘못 줬어요.

노 메 아 다도 엘 깜비오 꼬렉또

☐ No me ha dado el cambio correcto.

❷ 팁은 테이블에 두었어요.

데헤 쑤 쁘로삐나 엔 라 메사

☐ Dejé su propina en la mesa.

___월 ___일 ☀ ☁ ☂ ☼

빅맥 1개 주세요.

데메 운 메누 빅 막
Deme un menú Big Mac.

🎧 음성을 듣고 따라 말하며 써 보세요.

☑ Deme un menú Big Mac.

☐ _____

☐ _____

📢 이런 표현도 있어요.

❶ 햄버거 단품으로만 두 개 주세요.

쏠로 도스 암부르게싸스, 뽀르 파보르

☐ Solo dos hamburguesas, por favor.

_____

❷ 5번 세트 주세요.

끼에로 엘 빠께떼 누메로 씽꼬

☐ Quiero el paquete número 5(sinco).

_____

___월 ___일

햄버거만 얼마예요?

꾸안또 꾸에스따 쏠로 우나 암부르게싸
¿Cuánto cuesta solo una hamburguesa?

🎧 **음성을 듣고 따라 말하며 써 보세요.**

☑ ¿Cuánto cuesta solo una hamburguesa?

☐ _____

☐ _____

📢 **이런 표현도 있어요.**

❶ 세트 가격이에요?

에스 엘 쁘레씨오 델 꼼보

☐ ¿Es el precio del combo?

❷ 아니요, 단품으로요.

노, 쏠로 라 꼬미다

☐ No, solo la comida.

감자튀김 큰 걸로 주세요.

빠빠스 프리따스 데 따마뇨 그란데, 뽀르 파보르

Papas fritas de tamaño grande, por favor.

🎧 음성을 듣고 따라 말하며 써 보세요.

☑ Papas fritas de tamaño grande, por favor.

☐

☐

🔊 이런 표현도 있어요.

❶ 샐러드 있나요?

띠에네 엔쌀라다

☐ ¿Tiene ensalada?

❷ 머스터드 소스 주세요.

끼에로 모스따사

☐ Quiero mostaza.

음료는 뭐로 하시겠어요?

께 끼에레 빠라 또마르

¿Qué quiere para tomar?

🎧 음성을 듣고 따라 말하며 써 보세요.

☑ ¿Qué quiere para tomar?

☐

☐

🔊 이런 표현도 있어요.

❶ 코카콜라 주세요.

데메 우나 꼬까-꼴라, 뽀르 파보르

☐ Deme una Coca-Cola, por favor.

❷ 오렌지 주스로 주세요.

끼에로 운 쑤모 데 나랑하

☐ Quiero un zumo de naranja.

___월 ___일

여기서 드실 거예요, 가지고 가실 거예요?

빠라 아끼 오 빠라 예바르
¿Para aquí o para llevar?

🎧 음성을 듣고 따라 말하며 써 보세요.

☑ ¿Para aquí o para llevar?

☐

☐

📢 이런 표현도 있어요.

❶ 여기서 먹을게요.

보이 아 꼬메르 아끼

☐ Voy a comer aquí.

❷ 포장이요.

빠라 예바르

☐ Para llevar.

코카콜라 대신 오렌지 주스로 바꿀 수 있나요?

뿌에도 깜비아르 라 꼬까-꼴라 뽀르 운 후고 데 나랑하
¿Puedo cambiar la Coca-Cola por un jugo de naranja?

🎧 음성을 듣고 따라 말하며 써 보세요.

☑ ¿Puedo cambiar la Coca-Cola por un jugo de naranja?

☐ _____

☐ _____

🔊 이런 표현도 있어요.

❶ 햄버거만 포장해 주세요.

쏠로 라 암부르게싸 빠라 예바르, 뽀르 파보르

☐ Solo la hamburguesa para llevar, por favor.

❷ 샐러드 드레싱은 따로 주세요.

엘 아데레쏘 아빠르떼, 뽀르 파보르

☐ El aderezo aparte, por favor.

175

리필 되나요?

뿌에데 레예나를로

¿Puede rellenarlo?

🎧 음성을 듣고 따라 말하며 써 보세요.

☑ ¿Puede rellenarlo?

☐ _____

☐ _____

📢 이런 표현도 있어요.

❶ 얼음은 조금만 주세요.

뽀꼬 이엘로, 뽀르 파보르

☐ Poco hielo, por favor.

❷ 빨대는 어디에 있나요?

돈데 에스딴 라스 빠히따스

☐ ¿Dónde están las pajitas?

아이스 아메리카노 한 잔 주세요.

운 까페 아메리까노 꼰 이엘로, 뽀르 파보르
Un café americano con hielo, por favor.

🎧 음성을 듣고 따라 말하며 써 보세요.

☑️ Un café americano con hielo, por favor.

☐ _____

☐ _____

📢 이런 표현도 있어요.

❶ 뜨거운 아메리카노 한 잔이요.

운 까페 아메리까노 깔리엔떼, 뽀르 파보르

☐ Un café americano caliente, por favor.

❷ 아이스 카푸치노 한 잔이요.

운 까뿌치노 꼰 이엘로, 뽀르 파보르

☐ Un capuchino con hielo, por favor.

어떤 사이즈로 드릴까요?

께 따마뇨 데 따사 끼에레
¿Qué tamaño de taza quiere?

🎧 음성을 듣고 따라 말하며 써 보세요.

☑ ¿Qué tamaño de taza quiere?

☐ _____

☐ _____

🔊 이런 표현도 있어요.

❶ 그란데 사이즈로 주세요.

운 그란데, 뽀르 파보르

☐ Un grande, por favor.

❷ 제일 작은 거 주세요.

끼에로 라 마스 치까

☐ Quiero la más chica.

___월 ___일 ☀ ☁ ☂ ❄

시럽은 빼 주세요.

씬 시로뻬, 뽀르 파보르
Sin sirope, por favor.

🎧 음성을 듣고 따라 말하며 써 보세요.

☑ Sin sirope, por favor.

☐ _____

☐ _____

📢 이런 표현도 있어요.

❶ 휘핑크림 많이 주세요.

무차 끄레마 바띠다, 뽀르 파보르

☐ Mucha crema batida, por favor.

_____

❷ 두유 주세요.

레체 데 쏘하, 뽀르 파보르

☐ Leche de soja, por favor.

_____

다른 음료로 리필해 주세요.

레예네 미 바소 꼰 오뜨라 베비다, 뽀르 파보르
Rellene mi vaso con otra bebida, por favor.

🎧 음성을 듣고 따라 말하며 써 보세요.

☑ Rellene mi vaso con otra bebida, por favor.

☐

☐

📢 이런 표현도 있어요.

❶ 시나몬 빼 주세요.

씬 까넬라, 뽀르 파보르

☐ Sin canela, por favor.

❷ 냅킨이 없어요.

노 아이 쎄르비예따스

☐ No hay servilletas.

뜨거운 물 좀 더 주세요.

데메 마스 아구아 깔리엔떼, 뽀르 파보르
Deme más agua caliente, por favor.

🎧 음성을 듣고 따라 말하며 써 보세요.

☑ Deme más agua caliente, por favor.

☐ _____

☐ _____

🔊 이런 표현도 있어요.

❶ 뜨거운 물 한 잔 주세요.

데메 우나 따사 데 아구아 깔리엔떼, 뽀르 파보르

☐ Deme una taza de agua caliente, por favor.

❷ 얼음물 한 잔 주세요.

데메 운 바소 데 아구아 꼰 이엘로, 뽀르 파보르

☐ Deme un vaso de agua con hielo, por favor.

___월 ___일 ☀ ☁ ☂ ☼

치즈케이크 한 조각 주세요.

운 뜨로소 데 빠스뗄 데 께소, 뽀르 파보르
Un trozo de pastel de queso, por favor.

🎧 **음성을 듣고 따라 말하며 써 보세요.**

☑ Un trozo de pastel de queso, por favor.

☐ _____

☐ _____

📢 **이런 표현도 있어요.**

❶ 라즈베리케이크로 주세요.

끼에로 운 빠스뗄 데 프람부에사

☐ Quiero un pastel de frambuesa.

_____

❷ 이 케이크는 얼마예요?

꾸안또 꾸에스따 에스떼 빠스뗄

☐ ¿Cuánto cuesta este pastel?

_____

___월 ___일 ☀ ☁ ☂ ❄

빨대는 어디에 있나요?

돈데 에스딴 라스 빠히따스
¿Dónde están las pajitas?

🎧 음성을 듣고 따라 말하며 써 보세요.

☑ ¿Dónde están las pajitas?

☐ _____

☐ _____

🔊 이런 표현도 있어요.

❶ 안에는 무엇이 들어 있나요?

께 예바 아덴뜨로
☐ ¿Qué lleva adentro? _____

_____

❷ 베이글 말고 무엇이 있나요?

께 띠에네 아데마스 데 바헬
☐ ¿Qué tiene además de bagel? _____

_____

___월 ___일 ☀ ☁ ☂ ☼

맥주 한 병 주세요.

우나 보떼야 데 쎄르베사, 뽀르 파보르
Una botella de cerveza, por favor.

🎧 음성을 듣고 따라 말하며 써 보세요.

☑ Una botella de cerveza, por favor.

☐ _____

☐ _____

📢 이런 표현도 있어요.

❶ 한 병 더 주세요.

오뜨라 보떼야, 뽀르 파보르

☐ Otra botella, por favor.

❷ 병따개는 어디 있죠?

돈데 에스따 엘 아브레보떼야스

☐ ¿Dónde está el abrebotellas?

와인 한 잔 주세요.

운 바소 데 비노, 뽀르 파보르
Un vaso de vino, por favor.

🎧 음성을 듣고 따라 말하며 써 보세요.

☑ Un vaso de vino, por favor.

☐ _____

☐ _____

📢 이런 표현도 있어요.

❶ 좋은 와인 추천해 주세요.

레꼬미엔데메 운 부엔 비노, 뽀르 파보르

☐ Recomiéndeme un buen vino, por favor.

❷ 위스키 한 잔 주세요.

운 바소 데 위스끼, 뽀르 파보르

☐ Un vaso de whisky, por favor.

음식점에서

여기서 먹어요	para tomar aquí		빠라 또마르 아끼	
포장이요	para llevar		빠라 예바르	
오늘의 메뉴	menú del día		메누 델 디아	
채식의	vegetariano		베헤따리아노	
알레르기가 있는	alergia		알레르히아	
아침 식사	desayuno		데싸유노	
샌드위치	bocadillo	보까디요	샌드위치	sándwich	싼드위치
머핀	magdalena	마그달레나	토스트	tostada	또스따다
달걀 프라이	huevo frito	우에보 프리또	하몽	jamón	하몬
우유	leche	레체	시리얼	cereal	쎄레알
해산물	marisco		마리스꼬	
게	cangrejo	깡그레호	새우	gamba	감바
랍스터	langosta	랑고스따	조개	almejas	알메하스
농어	perca	뻬르까	대구	bacalao	바깔라오
고기	carne		까르네	
송아지 고기	ternera	떼르네라	돼지고기	carne de cerdo	까르네 데 쎄르도
양고기	carne de cordero	까르네 데 꼬르데로	닭고기	pollo	뽀요
안심	solomillo	쏠로미요	립	costillas	꼬스띠야스
갈비	chuleta	출레따	소시지	chorizo	초리소
음료	bebida		베비다	
레드와인	vino tinto	비노 띤또	화이트와인	vino blanco	비노 블랑꼬
맥주	cerveza	쎄르베사	탄산음료	refresco	레프레스꼬

트립 어드바이스 칠 레

> 1. 수도: 산티아고(Santiago)
> 2. 화폐: 칠레 페소(CLP)
> 3. 대사관: Av. Alcántara 74, Las Condes, Santiago, Chile TEL. +56-2-2228-4214
> 4. 긴급전화: 긴급의료서비스 131, 화재 132, 경찰 133

✈ 산티아고(Santiago)

적도 부근에서 남극 부근까지 세계에서 남북으로 가장 길게 뻗어 있는 칠레는, 광활한 사막에서부터 빙하에 이르기까지 다양한 자연환경을 가진 나라입니다. 수도 산티아고에서는 산티아고 아르마스 광장, 모네다 궁전, 까사 꼴로라다 등을 방문하여 역사의 흔적을 느낄 수 있습니다. 특히 메트로폴리탄 공원(Parque Metropolitano)은 세계에서 네 번째로 큰 크기로 그 안에 수목원, 동물원, 정원이 갖추어져 있습니다.

✈ 파타고니아(Patagonia)

파타고니아는 남미 대륙의 가장 남쪽에 있는 지역으로, 아르헨티나와 칠레 두 나라에 걸쳐 있습니다. 칠레에 있는 서쪽 산등성이에서는 산과 호수, 피요르드 같은 아름다운 자연 풍경을, 아르헨티나에 있는 동쪽에서는 사막이나 평원 같은 건조한 지형을 구경할 수 있습니다. 살토 그란데 폭포를 시작으로 에메랄드빛의 페오에 호수, 그리고 그레이 빙하와 파이넬 그란데산을 트레킹해 보세요.

✈ 와인(Vino)

칠레는 세계 7위의 와인 생산국으로, 이제는 국내에서도 손쉽게 칠레산 와인을 접할 수 있지요. 산티아고 인근은 뜨거운 햇살로 인해 와인을 위한 포도 재배에 아주 적합합니다. 기회가 된다면 산티아고의 와이너리를 방문해 칠레산 와인을 맛보는 것도 좋겠지요.

✈ 파스텔 데 초클로(Pastel de choclo)

칠레의 전통 요리는 아르헨티나 음식과 비슷하게 육류를 이용한 요리가 많으며, 특히 빵 요리를 좋아합니다. 파스텔 데 초클로는 쇠고기에 양파, 건포도, 올리브를 갈아 만든 파이에 옥수수 퓌레를 얹은 요리지요. 칠레에는 긴 해안선이 있어 해산물이 풍부한데, 파일라 마리스코스(Paila Mariscos)는 키조개, 홍합, 새우, 생선 등 해산물을 듬뿍 넣어 뚝배기에 끓여낸 음식입니다.

8

쇼핑몰에서

DE COMPRAS

❶
기본 표현
PRESENTACIÓN

❷
기내에서
EL AVIÓN

❸
공항에서
EL AEROPUERTO

❹
거리에서
EL TRANSPORTE

❺
호텔에서
ALOJAMIENTO

❻
관광지에서
TURISMO

❼
음식점에서
RESTAURANTE

❽
쇼핑몰에서
DE COMPRAS

❾
귀국편 공항에서
EL AEROPUERTO

❿
긴급 상황에서
EMERGENCIA

_____ 월 _____ 일 ☀ ☁ ☂ ❄

자라 매장은 몇 층이에요?

엔 께 삐쏘 에스따 라 띠엔다 데 싸라
¿En qué piso está la tienda de Zara?

🎧 **음성을 듣고 따라 말하며 써 보세요.**

☑ ¿En qué piso está la tienda de Zara?

☐ _____

☐ _____

🔊 **이런 표현도 있어요.**

❶ 기념품을 찾고 있는데요.

에스또이 부스깐도 레꾸에르도스

☐ Estoy buscando recuerdos.

❷ 차는 어디서 살 수 있죠?

돈데 뿌에도 꼼쁘라르 떼

☐ ¿Dónde puedo comprar té?

화장품 코너가 어디예요?

돈데 에스따 라 쎅씨온 데 꼬스메띠꼬스
¿Dónde está la sección de cosméticos?

🎧 음성을 듣고 따라 말하며 써 보세요.

☑ ¿Dónde está la sección de cosméticos?

☐ _____

☐ _____

📢 이런 표현도 있어요.

❶ 크림 좀 보여 주세요.

무에스뜨레메 라스 끄레마스, 뽀르 파보르

☐ Muéstreme las cremas, por favor.

_____

❷ 립스틱 좀 보여 주세요.

무에스뜨레메 로스 삔따라비오스, 뽀르 파보르

☐ Muéstreme los pintalabios, por favor.

_____

술은 어디서 살 수 있나요?

돈데 뿌에도 꼼쁘라르 리꼬레스
¿Dónde puedo comprar licores?

🎧 음성을 듣고 따라 말하며 써 보세요.

☑ ¿Dónde puedo comprar licores?

☐

☐

🔊 이런 표현도 있어요.

❶ 위스키 좀 보여 주세요.

무에스뜨레메 우노스 위스끼스, 뽀르 파보르

☐ Muéstreme unos whiskys, por favor.

❷ 제가 몇 병 살 수 있나요?

꾸안따스 보떼야스 메 뿌에도 예바르

☐ ¿Cuántas botellas me puedo llevar?

___월 ___일 ☀️ ☁️ ☂️ ❄️

그냥 둘러보는 거예요.

쏠로 에스또이 단도 우나 부엘따
Solo estoy dando una vuelta.

🎧 **음성을 듣고 따라 말하며 써 보세요.**

☑ Solo estoy dando una vuelta.

☐ _____

☐ _____

🔊 **이런 표현도 있어요.**

❶ 혼자 둘러볼게요.

보이 아 다르 우나 부엘따

☐ Voy a dar una vuelta.

_____

❷ 도움이 필요하면 부를게요.

레 아비쏘 꾸안도 네쎄시떼 쑤 아유다

☐ Le aviso cuando necesite su ayuda.

_____

이거 있나요?

띠에네 에스또
¿Tiene esto?

🎧 음성을 듣고 따라 말하며 써 보세요.

☑ ¿Tiene esto?

☐ _____

☐ _____

📢 이런 표현도 있어요.

❶ 다른 게 있나요?

띠에네 오뜨로

☐ ¿Tiene otro?

❷ 다른 색깔이 있나요?

띠에네 데 오뜨로 꼴로르

☐ ¿Tiene de otro color?

이거 시향해 보고 싶어요.

끼에로 쁘로바르메 에스또

Quiero probarme esto.

🎧 음성을 듣고 따라 말하며 써 보세요.

☑ Quiero probarme esto.

☐ _____

☐ _____

🔊 이런 표현도 있어요.

❶ 향수를 보고 싶어요.

끼에로 베르 우노스 뻬르푸메스

☐ Quiero ver unos perfumes.

_____

❷ 상큼한 향 있나요?

띠에네 프라간씨아 프레스까

☐ ¿Tiene fragancia fresca?

_____

195

추천할 만한 선물이 있나요?

알구나 레꼬멘다씨온 빠라 레갈로
¿Alguna recomendación para regalo?

🎧 음성을 듣고 따라 말하며 써 보세요.

☑ ¿Alguna recomendación para regalo?

☐

☐

📢 이런 표현도 있어요.

❶ 부모님 선물 추천해 주세요.

레꼬미엔데메 운 레갈로 빠라 미스 빠드레스, 뽀르 파보르

☐ Recomiéndeme un regalo para mis padres, por favor.

❷ 이 옷이랑 어울릴 만한 걸로 추천해 주세요.

레꼬미엔데메 알고 께 꼼비네 꼰 에스따 로빠, 뽀르 파보르

☐ Recomiéndeme algo que combine con esta ropa, por favor.

잘 포장해 주세요.

엔부엘발로 비엔, 뽀르 파보르
Envuélvalo bien, por favor.

🎧 음성을 듣고 따라 말하며 써 보세요.

☑ Envuélvalo bien, por favor.

☐ _____

☐ _____

🔊 이런 표현도 있어요.

❶ 이거 깨지기 쉬워요.

에스또 에스 프라힐
☐ Esto es frágil.

_____

❷ 조심해야 해요.

뗑가 꾸이다도
☐ Tenga cuidado.

_____

원피스를 사려고 하는데요.

끼에로 꼼쁘라르 운 베스띠도
Quiero comprar un vestido.

🎧 음성을 듣고 따라 말하며 써 보세요.

☑ Quiero comprar un vestido.

☐ _____

☐ _____

🔊 이런 표현도 있어요.

❶ 다른 색상은 없나요?

띠에네 오뜨로 꼴로르
☐ ¿Tiene otro color?

❷ S 사이즈로 주세요.

데메 우노, 뻬께뇨
☐ Deme uno, pequeño.

청바지 보려고요.

끼에로 베르 우노스 빤딸로네스 데 메스끌리야
Quiero ver unos pantalones de mezclilla.

🎧 음성을 듣고 따라 말하며 써 보세요.

☑ Quiero ver unos pantalones de mezclilla.

☐ _____

☐ _____

📢 이런 표현도 있어요.

❶ 스키니진 있나요?

띠에네스 빤딸로네스 데 뻬띠요 아후스따도스

☐ ¿Tienes pantalones de petillo ajustados?

_____

❷ 반바지 있나요?

띠에네스 쇼릇스

☐ ¿Tienes shorts?

_____

199

트레이닝 바지 있나요?

띠에네스 빤딸로네스 데 데뽀르떼
¿Tienes pantalones de deporte?

🎧 음성을 듣고 따라 말하며 써 보세요.

☑ ¿Tienes pantalones de deporte?

☐ _____

☐ _____

🔊 이런 표현도 있어요.

❶ 트레이닝 상의 있나요?

띠에네스 쑤다데라스 데 데뽀르떼

☐ ¿Tienes sudaderas de deporte?

❷ 후드티 종류 보려고요.

끼에로 베르 쑤다데라스

☐ Quiero ver sudaderas.

___월 ___일 ☀ ☁ ☂ ☃

셔츠 보려고요.

끼에로 베르 까미싸스
Quiero ver camisas.

🎧 음성을 듣고 따라 말하며 써 보세요.

☑ Quiero ver camisas.

☐ _____

☐ _____

🔊 이런 표현도 있어요.

❶ 줄무늬 셔츠 보려고요.

끼에로 베르 까미싸스 아 라야스

☐ Quiero ver camisas a rayas.

❷ 이것보다 긴 것이 있나요?

띠에네 우나 마스 라르가 께 에스따

☐ ¿Tiene una más larga que esta?

치마 보려고요.

끼에로 베르 팔다스
Quiero ver faldas.

🎧 **음성을 듣고 따라 말하며 써 보세요.**

☑ Quiero ver faldas.

☐ _____

☐ _____

🔊 **이런 표현도 있어요.**

❶ 긴 치마 있나요?

띠에네 팔다스 라르가스
☐ ¿Tiene faldas largas?

❷ 짧은 치마 있나요?

띠에네 팔다스 꼬르따스
☐ ¿Tiene faldas cortas?

___월 ___일

이 옷을 입어 봐도 되나요?

뿌에도 쁘로바르메 에스또

¿Puedo probarme esto?

🎧 음성을 듣고 따라 말하며 써 보세요.

☑ ¿Puedo probarme esto?

☐ _____

☐ _____

🔊 이런 표현도 있어요.

❶ 피팅 룸은 어디예요?

돈데 에스따 엘 쁘로바도르

☐ ¿Dónde está el probador?

_____

❷ 다른 걸로 입어 보려고요.

끼에로 쁘로바르메 오뜨로

☐ Quiero probarme otro.

_____

203

___월 ___일 ☀ ☁ ☂ ☼

사이즈가 어떻게 되세요?

께 따야 에스
¿Qué talla es?

🎧 **음성을 듣고 따라 말하며 써 보세요.**

☑ ¿Qué talla es?

☐ _____

☐ _____

📣 **이런 표현도 있어요.**

❶ 커요.

에스 그란데
☐ Es grande.

_____

❷ 다른 사이즈 입어 보려고요.

끼에로 쁘로바르메 오뜨라 따야
☐ Quiero probarme otra talla.

_____

___월 ___일 ☀ ☁ ☂ ☽

한 치수 더 큰 거요.

우나 따야 마스 그란데
Una talla más grande.

🎧 **음성을 듣고 따라 말하며 써 보세요.**

☑ Una talla más grande.

☐

☐

🔊 **이런 표현도 있어요.**

❶ 작아요.

에스 치꼬

☐ Es chico.

❷ 더 큰 걸로 주세요.

끼에로 우노 마스 그란데

☐ Quiero uno más grande.

저 갈색 구두 좀 보여 주시겠어요?

뽀드리아 모스뜨라르메 에소스 싸빠또스 마로네스
¿Podría mostrarme esos zapatos marones?

🎧 음성을 듣고 따라 말하며 써 보세요.

☑ ¿Podría mostrarme esos zapatos marones?

☐ _____

☐ _____

🔊 이런 표현도 있어요.

❶ 이거 신어 보려고요.

끼에로 쁘로바르메 에스또

☐ Quiero probarme esto.

❷ 검은색 샌들을 찾고 있어요.

에스또이 부스깐도 우나스 산달리아스 네그라스

☐ Estoy buscando unas sandalias negras.

____월 ____일

가방 보려고요.

끼에로 베르 볼쏘스
Quiero ver bolsos.

🎧 음성을 듣고 따라 말하며 써 보세요.

☑ Quiero ver bolsos.

☐ _____

☐ _____

🔊 이런 표현도 있어요.

❶ 숄더백 보여 주세요.

무에스뜨레메 볼쏘스 데 옴브로, 뽀르 파보르

☐ Muéstreme bolsos de hombro, por favor.

_____

❷ 남자 지갑 좀 보여 주세요.

무에스뜨레메 까르떼라스 빠라 까바예로스, 뽀르 파보르

☐ Muéstreme carteras para caballeros, por favor.

_____

_____월 _____일 ☀ ☁ ☂ ☼

이걸로 주세요.

메 께도 꼰 에스떼

Me quedo con este.

🎧 음성을 듣고 따라 말하며 써 보세요.

☑ Me quedo con este.

☐ _____

☐ _____

📢 이런 표현도 있어요.

❶ 신용카드도 받나요?

아쎕따 따르헤따스 데 끄레디또

☐ ¿Acepta tarjetas de crédito?

❷ 얼마예요?

꾸안또 에스

☐ ¿Cuánto es?

___월 ___일 ☀ ☁ ☂ ❄

할인되나요?

아이 데스꾸엔또

¿Hay descuento?

🎧 **음성을 듣고 따라 말하며 써 보세요.**

☑ ¿Hay descuento?

☐

☐

📢 **이런 표현도 있어요.**

❶ 이거 세일해요?

에스또 에스따 엔 레바하

☐ ¿Esto está en rebaja?

❷ 할인 쿠폰 있어요.

뗑고 운 꾸뽄 데 데스꾸엔또

☐ Tengo un cupón de descuento.

포장 좀 해 주시겠어요?

메 로 뽀드리아 엔볼베르, 뽀르 파보르
¿Me lo podría envolver, por favor?

🎧 **음성을 듣고 따라 말하며 써 보세요.**

☑ ¿Me lo podría envolver, por favor?

☐ _____

☐ _____

📢 **이런 표현도 있어요.**

❶ 포장하는 데 비용을 내야 하나요?

네쎄시또 빠가르 엑스뜨라 빠라 엘 엠빠께

☐ ¿Necesito pagar extra para el empaque?

❷ 이것만 선물 포장으로 해 주세요.

끼에로 쏠로 에스또 꼰 엠빠께 데 레갈로, 뽀르 파보르

☐ Quiero solo esto con empaque de regalo, por favor.

가방 하나 더 주세요.

데메 우나 볼사 마스, 뽀르 파보르
Deme una bolsa más, por favor.

🎧 **음성을 듣고 따라 말하며 써 보세요.**

☑ Deme una bolsa más, por favor.

☐ _____

☐ _____

📢 **이런 표현도 있어요.**

❶ 선물용으로 포장해 주세요.

엠빠께 에스또 빠라 레갈로, 뽀르 파보르
☐ Empaque esto para regalo, por favor.

_____

❷ 이거 선물로 어때요?

께 딸 에스또 빠라 운 레갈로
☐ ¿Qué tal esto para un regalo?

_____

반품하려고 하는데요.

끼에로 데볼베르 에스또
Quiero devolver esto.

🎧 **음성을 듣고 따라 말하며 써 보세요.**

☑ Quiero devolver esto.
☐
☐

🔊 **이런 표현도 있어요.**

❶ 마음에 안 들어요.

노 메 구스따

☐ No me gusta.

❷ 색깔 때문에요.

뽀르 엘 꼴로르

☐ Por el color.

이거 교환할 수 있나요?

뽀드리아 깜비아르메 에스또, 뽀르 파보르
¿Podría cambiarme esto, por favor?

🎧 음성을 듣고 따라 말하며 써 보세요.

☑ ¿Podría cambiarme esto, por favor?

☐ _____

☐ _____

🔊 이런 표현도 있어요.

❶ 다른 상품을 주셨어요.

메 디오 오뜨로 쁘로둑또

☐ Me dio otro producto.

❷ 다른 걸로 주세요.

데메 오뜨로, 뽀르 파보르

☐ Deme otro, por favor.

_____ 월 _____ 일 ☀ ☁ ☂ ☼

다른 사이즈로 바꿔 주시겠어요?

뽀드리아 깜비아르메 에스또 뽀르 오뜨로 따마뇨
¿Podría cambiarme esto por otro tamaño?

🎧 **음성을 듣고 따라 말하며 써 보세요.**

☑ ¿Podría cambiarme esto por otro tamaño?

☐

☐

🔊 **이런 표현도 있어요.**

❶ 너무 작아요.

에스 데마씨아도 치꼬

☐ Es demasiado chico.

❷ 더 작은 걸로 주세요.

끼에로 우노 마스 치꼬

☐ Quiero uno más chico.

___월 ___일 ☀ ☁ ☂ ❄

이거 안 맞아요.

노 메 엔뜨라
No me entra.

🎧 음성을 듣고 따라 말하며 써 보세요.

☑ No me entra.

☐ _____

☐ _____

🔊 이런 표현도 있어요.

❶ 너무 커요.

에스 데마씨아도 그란데

☐ Es demasiado grande.

❷ 너무 작아요.

에스 데마씨아도 치꼬

☐ Es demasiado chico.

이거 고장 났어요.

에스또 에스따 로또

Esto está roto.

🎧 음성을 듣고 따라 말하며 써 보세요.

☑ Esto está roto.

☐ _____

☐ _____

📢 이런 표현도 있어요.

❶ 흠집이 있어요.

띠에네 우나 파야

☐ Tiene una falla.

❷ 이거 안 맞아요.

노 메 엔뜨라

☐ No me entra.

___월 ___일

영수증 가지고 계신가요?

띠에네 쑤 레씨보
¿Tiene su recibo?

🎧 **음성을 듣고 따라 말하며 써 보세요.**

☑ ¿Tiene su recibo?

☐ _____

☐ _____

🔊 **이런 표현도 있어요.**

❶ 이미 포장을 뜯었어요.

야 아브리 엘 엠빠께

☐ Ya abrí el empaque. _____

❷ 그런데 사용하지 않았어요.

뻬로 노 로 우쎄

☐ Pero no lo usé. _____

쇼핑몰에서

한국어	스페인어	발음
슈퍼마켓	supermercado	수뻬르메르까도
시장	mercado	메르까도
~ 어디 있어요?	¿Dónde está~?	돈데 에스따
나에게 주세요	Déme~	데메
계산대	caja	까하
가격	precio	쁘레씨오
할인	descuento	데스꾸엔또
취소	cancelación	깐쎌라씨온
환불	devolución	데볼루씨온
교환	cambio	깜비오
1+1 (원 플러스 원)	dos por uno	도스 뽀르 우노
사이즈 (옷) / (신발)	talla / número	따야 / 누메로
기념품	recuerdos	레꾸에르도스
선물	regalo	레갈로
브랜드	marca	마르까
티셔츠	camiseta	까미쎄따
탈의실	probador	쁘로바도르
화장품	cosméticos	꼬스메띠꼬스
영수증	recibo	레씨보
봉투	bolsa	볼사

 **트립 어드바이스** 페 루

1. 수도: 리마(Lima)
2. 화폐: 페루 누에보 솔(PEN)
3. 대사관: Calle Guillermo Marconi 165, San Isidro, Lima TEL. +51-1-632-5000
4. 긴급전화: 통합응급번호 105, 화재 116

✈ 마추픽추(Machu Picchu)

유네스코 세계문화유산이자, 세계 7대 불가사의에도 선정된 마추픽추는 안데스산맥 열대 산악 밀림 중앙에 위치한 잉카제국의 유적지입니다. 태양신을 위한 제사를 지내던 태양의 신전, 하늘과 제사의 신인 아푸 쿤투르를 위한 콘도르 신전, '태양을 묶어놓은 기둥'이라 불리는 인티와타나 등은 고대 잉카문명의 정교함과 웅장함을 엿볼 수 있는 유적입니다. 과거 잉카 제국의 수도로, 세상의 중심이라 생각하여 '배꼽'이란 뜻을 가진 쿠스코를 방문해 보는 것도 좋습니다.

✈ 리마(Lima)

페루는 안데스산맥의 산등성이가 바로 해안가로 이어진 지형으로, 수도 리마 역시 해안가 절벽 위에 지어진 도시입니다. 페루의 수도이자 대부분의 남미 여행자들이 출발점으로 삼는 리마에는 유네스코 세계문화유산에 등록된 화려하고 유수한 건축물로 둘러싸인 아르마스 광장, 세계 최대 규모의 분수쇼가 펼쳐지는 레세르바 공원, 예술의 거리인 바랑코 등이 있답니다.

✈ 세비체(Ceviche)

페루는 남아메리카에서 '미식의 나라'로 알려져 있습니다. 다양한 육류는 물론, 해안 지역이 넓어서 다양한 어류를 활용한 요리가 많기 때문입니다. 그중 세비체는 페루 사람들이 가장 사랑하는 음식으로, 생선회 조각에 옥수수와 고구마 등을 올리고 세비체라는 허브와 레몬 등을 넣어 새콤하게 무쳐 먹습니다. 이외에도 페루식 치킨인 치차론 데 포요, 아침 식사로 즐겨 먹는 우미타와 타말레스, 돼지고기나 칠면조 고기를 넣어 먹는 페루식 샌드위치 부티파라, 소 심장 꼬치구이인 안티꾸초, 페루식 도넛인 피카로네스 등 길거리 음식도 맛이 뛰어납니다.

9

귀국편 공항에서

EL AEROPUERTO

❶
기본 표현
PRESENTACIÓN

❷
기내에서
EL AVIÓN

❸
공항에서
EL AEROPUERTO

❹
거리에서
EL TRANSPORTE

❺
호텔에서
ALOJAMIENTO

❻
관광지에서
TURISMO

❼
음식점에서
RESTAURANTE

❽
쇼핑몰에서
DE COMPRAS

❾
귀국편 공항에서
EL AEROPUERTO

❿
긴급 상황에서
EMERGENCIA

___월 ___일 ☀ ☁ ☂ ❄

이 물건들을 비행기에 가지고 탈 수 있나요?

쎄 뿌에덴 예바르 에스또스 아르띠꿀로스 엔 엘 아비온

¿Se pueden llevar estos artículos en el avión?

🎧 **음성을 듣고 따라 말하며 써 보세요.**

☑ ¿Se pueden llevar estos artículos en el avión?

☐ _____

☐ _____

🔊 **이런 표현도 있어요.**

❶ 복도 쪽 좌석으로 주세요.

데메 운 아시엔또 알 라도 델 빠씨요

☐ Deme un asiento al lado del pasillo.

❷ 몇 시에 탑승을 시작하나요?

아 께 오라 엠뻬에산 아 엠바르까르

☐ ¿A qué hora empiezan a embarcar?

짐은 몇 개 부칠 수 있나요?

꾸안또스 에끼빠헤스 뿌에도 팍뚜라르
¿Cuántos equipajes puedo facturar?

🎧 음성을 듣고 따라 말하며 써 보세요.

☑ ¿Cuántos equipajes puedo facturar?

☐ _____

☐ _____

🔊 이런 표현도 있어요.

❶ 중량 제한이 얼마예요?

꾸안또 에스 엘 리미떼 데 뻬소

☐ ¿Cuánto es el límite de peso?

❷ 기내 중량 제한이 얼마예요?

꾸안또 에스 엘 리미떼 데 아 보르도

☐ ¿Cuánto es el límite de a bordo?

___월 ___일 ☀ ☁ ☂ ☼

항공편을 변경하려고요.

끼에로 깜비아르 미 부엘로

Quiero cambiar mi vuelo.

🎧 음성을 듣고 따라 말하며 써 보세요.

☑ Quiero cambiar mi vuelo.

☐ _____

☐ _____

📢 이런 표현도 있어요.

❶ 제 비행기 확인하려고요.

끼에로 꼰피르마르 미 부엘로

☐ Quiero confirmar mi vuelo.

❷ 제 자리 변경하려고요.

끼에로 깜비아르 미 아시엔또

☐ Quiero cambiar mi asiento.

___월 ___일 ☀ ☁ ☂ ❄

다른 비행기로 바꿀 수 있나요?

뿌에도 깜비아르 미 부엘로
¿Puedo cambiar mi vuelo?

🎧 **음성을 듣고 따라 말하며 써 보세요.**

☑ ¿Puedo cambiar mi vuelo?

☐ _____

☐ _____

🔊 **이런 표현도 있어요.**

❶ 비행기가 연착되었습니다.

엘 부엘로 아 씨도 레뜨라싸도
☐ El vuelo ha sido retrasado.

_____

❷ 얼마나 기다려야 하나요?

꾸안또 띠엠뽀 데보 에스뻬라르
☐ ¿Cuánto tiempo debo esperar?

_____

___월 ___일 ☀ ☁ ☂ ☼

다음 비행 편은 언제예요?

꾸안도 에스 엘 씨기엔떼 부엘로
¿Cuándo es el siguiente vuelo?

🎧 **음성을 듣고 따라 말하며 써 보세요.**

☑ ¿Cuándo es el siguiente vuelo?

☐ _____

☐ _____

🔊 **이런 표현도 있어요.**

❶ 다른 항공사도 상관없어요.

노 메 임뽀르따 꼰 우나 아에롤리네아 디페렌떼

☐ No me importa con una aerolínea diferente.

❷ 공항 내에 호텔이 있나요?

아이 운 오뗄 엔 엘 아에로뿌에르또

☐ ¿Hay un hotel en el aeropuerto?

환승 라운지는 어디예요?

돈데 에스따 라 쌀라 데 뜨란스보르도
¿Dónde está la sala de transbordo?

🎧 음성을 듣고 따라 말하며 써 보세요.

☑ ¿Dónde está la sala de transbordo?

☐ _____

☐ _____

🔊 이런 표현도 있어요.

❶ 저 환승 승객인데요.

쏘이 운 빠사헤로 아시엔또 뜨란스보르도

☐ Soy un pasajero asiento transbordo.

❷ 경유해서 인천으로 가요.

보이 아 인천 아 뜨라베스 데 에스따 꼬넥시온

☐ Voy a Incheon a través de esta conexión.

귀국편 공항에서

탑승권	tarjeta de embarque	따르헤따 데 엠바르께
예약	reservación	레세르바씨온
국내선	vuelo nacional	부엘로 나씨오날
국제선	vuelo internacional	부엘로 인떼르나씨오날
직항	vuelo directo	부엘로 디렉또
연결편 항공	vuelo de conexión	부엘로 데 꼬넥씨온
경유지	escala	에스깔라
출발 시간	hora de salida	오라 데 쌀리다
도착 시간	hora de llegada	오라 데 예가다
지연	retraso	레뜨라소
탑승구	puerta	뿌에르따
터미널	terminal	떼르미날
수속 카운터	mostrador	모스뜨라도르
면세점	tienda libre de impuestos	띠엔다 리브레 데 임뿌에스또스
수하물	equipaje de mano	에끼빠헤 데 마노

트립 어드바이스 　콜롬비아

1. 수도: 보고타(Bogotá)
2. 화폐: 콜롬비아 페소(COP)
3. 대사관: Embajada de la República de Corea, Calle 94, No.9-39, Bogotá
   TEL. +57-1-616-7200
4. 긴급전화: 통합응급번호 123
5. 주의사항: 콜롬비아는 무장게릴라 및 범죄단체의 공격이 빈번하므로 아래 지역을 방문할 때는 각별히 주의해야 합니다. 초꼬, 폴리마, 까우까, 나리뇨, 싼딴데, 안띠오끼아, 아라우까, 메따 등

✈ 콜롬비아 커피(Colombia Coffee)

콜롬비아에 처음 커피가 들어온 19세기 이후, 이곳은 세계적인 커피 생산지가 되었습니다. 해발 1,400m 이상의 고원지대로, 기후와 강수량이 커피 재배에 적합했기 때문입니다. 이 지역에서 생산되는 커피인 아라비카 품종 수프레모와 엑셀소는 세계 최고의 품질을 자랑합니다.

✈ 보고타(Bogotá)

해발 2,600m 안데스산맥 동쪽 기슭에 자리잡고 있는 콜롬비아의 수도로, 콜롬비아에서 가장 큰 셀레스티노 무티스 수목원, 엘도라도의 전설인 11개 부족의 유물을 전시하고 있는 보고타 황금 박물관, 보고타의 전경을 내려다 볼 수 있는 몬세라테 언덕 등 관광지가 많습니다. 시기가 맞는다면 8월에 열리는 꽃축제도 즐길 수 있습니다.

✈ 레초나 톨리맨쎄(Lechona tolimense)

콜롬비아의 대표적인 돼지고기 요리로, 톨리마 지역에서 유래되었습니다. 새끼돼지의 내장을 제거하고 그 안에 쌀, 양파, 감자 등을 넣어 꼬챙이에 끼워 불에 구워냅니다. 바삭한 돼지 껍질과 속에 있는 부드러운 밥, 야채를 함께 먹는 대중적인 음식입니다.

10

긴급 상황에서
EMERGENCIA

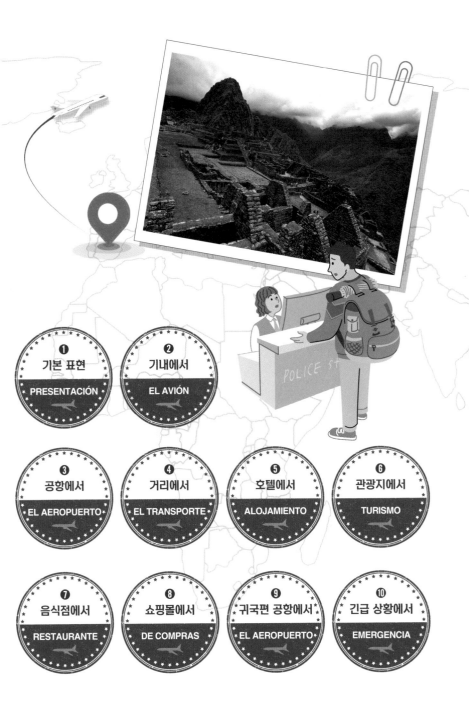

❶
기본 표현
PRESENTACIÓN

❷
기내에서
EL AVIÓN

❸
공항에서
EL AEROPUERTO

❹
거리에서
EL TRANSPORTE

❺
호텔에서
ALOJAMIENTO

❻
관광지에서
TURISMO

❼
음식점에서
RESTAURANTE

❽
쇼핑몰에서
DE COMPRAS

❾
귀국편 공항에서
EL AEROPUERTO

❿
긴급 상황에서
EMERGENCIA

길을 잃었어요.

에스또이 뻬르디도
Estoy perdido.

🎧 음성을 듣고 따라 말하며 써 보세요.

☑ Estoy perdido.

☐
_____

☐
_____

📢 이런 표현도 있어요.

❶ 저 여행객인데, 도와주세요.

에스또이 데 비아헤. 메 뿌에데 아유다르, 뽀르 파보르

☐ Estoy de viajé. ¿Me puede ayudar, por favor?

_____

❷ 여기는 어디에 있어요?

돈데 쎄 우비까 에스떼 루가르

☐ ¿Dónde se ubica este lugar?

_____

여기가 어디예요?

돈데 에스따모스 아오라
¿Dónde estamos ahora?

🎧 음성을 듣고 따라 말하며 써 보세요.

☑ ¿Dónde estamos ahora?

☐

☐

🔊 이런 표현도 있어요.

❶ 여기 어떻게 가요?

꼬모 보이 아 에스떼 루가르

☐ ¿Cómo voy a este lugar?

❷ 이 주소로 어떻게 가요?

꼬모 보이 아 에스따 디렉씨온

☐ ¿Cómo voy a esta dirección?

여기가 어딘지 모르겠어요.

노 쎄 돈데 에스또이
No sé dónde estoy.

🎧 음성을 듣고 따라 말하며 써 보세요.

☑ No sé dónde estoy.

☐

☐

🔊 이런 표현도 있어요.

❶ 이 길이 아닌 것 같아요.

그레오 께 에스 엘 까미노 에끼보까도

☐ Creo que es el camino equivocado.

❷ 이 주소가 어디예요?

돈데 에스따 에스따 디렉씨온

☐ ¿Dónde está esta dirección?

가방을 도둑맞았어요.

메 로바론 미 에끼빠헤
Me robaron mi equipaje.

🎧 음성을 듣고 따라 말하며 써 보세요.

☑ Me robaron mi equipaje.

☐ _____

☐ _____

📢 이런 표현도 있어요.

❶ 소매치기당했어요!

메 로바론

☐ ¡Me robaron!

❷ 경찰 불러 주세요!

야메 아 라 뽈리씨아, 뽀르 파보르

☐ ¡Llame a la policía, por favor!

235

휴대 전화를 잃어버렸어요.

빼르디 미 뗄레포노 모빌
Perdí mi teléfono móvil.

🎧 음성을 듣고 따라 말하며 써 보세요.

☑ Perdí mi teléfono móvil.

☐ _____

☐ _____

🔊 이런 표현도 있어요.

❶ 제 캐리어를 도둑맞았어요.

미 말레따 푸에 로바다

☐ Mi maleta fue robada.

❷ 귀중품을 잃어버렸어요.

빼르디 미스 옵헤또스 데 발로르

☐ Perdí mis objetos de valor.

가방 안에 현금, 신용카드, 여권이 들어 있어요.

엘 엔 볼쏘 뗑고 에펙띠보, 따르헤따스 데 끄레디또 이 미 빠사뽀르떼

En el bolso tengo efectivo, tarjetas de crédito y mi pasaporte.

🎧 음성을 듣고 따라 말하며 써 보세요.

☑ En el bolso tengo efectivo, tarjetas de crédito y mi pasaporte.

☐ _____

☐ _____

🔊 이런 표현도 있어요.

❶ 저기 도둑이에요!

아이 바 엘 라드론

☐ ¡Ahí va el ladrón!

_____

❷ 제 가방 가져가지 마세요!

노 쎄 예베 미 에끼빠헤

☐ ¡No se lleve mi equipaje!

_____

어디에서 잃어버렸는지 모르겠어요.

노 쎄 돈데 로 에 뻬르디도
No sé dónde lo he perdido.

🎧 **음성을 듣고 따라 말하며 써 보세요.**

☑ No sé dónde lo he perdido.

☐ _____

☐ _____

🔊 **이런 표현도 있어요.**

❶ 여권을 잃어버렸어요.

뻬르디 미 빠사뽀르떼
☐ Perdí mi pasaporte.

❷ 노트북을 잃어버렸어요.

뻬르디 미 뽀르따띨
☐ Perdí mi portátil.

찾으면 바로 연락해 주세요.

씨 로 엔꾸엔뜨라, 아가멜로 사베르 데 인메디아또
Si lo encuentra, hágamelo saber de inmediato.

🎧 음성을 듣고 따라 말하며 써 보세요.

☑ Si lo encuentra, hágamelo saber de inmediato.

◻ _____

◻ _____

📢 이런 표현도 있어요.

❶ 지하철에 가방을 놓고 내렸어요.

데헤 미 볼쏘 엔 엘 메뜨로

◻ Dejé mi bolso en el metro.

❷ 분실물 센터가 어디예요?

돈데 에스따 엘 쎈뜨로 데 옵헤또스 뻬르디도스

◻ ¿Dónde está el centro de objetos perdidos?

항공권을 잃어버렸어요.

베르디 미 비예떼 데 부엘로
Perdí mi billete de vuelo.

🎧 음성을 듣고 따라 말하며 써 보세요.

☑ Perdí mi billete de vuelo.

☐ _____

☐ _____

🔊 이런 표현도 있어요.

❶ 여권을 잃어버렸어요.

베르디 미 빠사뽀르떼

☐ Perdí mi pasaporte.

❷ 비행기를 놓쳤어요.

베르디 미 부엘로

☐ Perdí mi vuelo.

배탈이 났어요.

떼고 돌로르 데 에스또마고
Tengo dolor de estómago.

🎧 음성을 듣고 따라 말하며 써 보세요.

☑ Tengo dolor de estómago.

☐ _____

☐ _____

📣 이런 표현도 있어요.

❶ 공중화장실은 어디예요?

돈데 에스따 엘 세르비씨오
☐ ¿Dónde está el servicio?

_____

❷ 화장실 좀 써도 되나요?

뿌에도 우사르 쑤 바뇨, 뽀르 파보르
☐ ¿Puedo usar su baño, por favor?

_____

241

___월 ___일 ☀ ☁ ☂ ☼

여기가 아파요.

메 두엘레 아끼
Me duele aquí.

🎧 **음성을 듣고 따라 말하며 써 보세요.**

☑ Me duele aquí.

☐ _____

☐ _____

🔊 **이런 표현도 있어요.**

❶ 머리가 아파요.

떼고 돌로르 데 까베사

☐ Tengo dolor de cabeza.

❷ 어제부터 아파요.

에 에스따도 엔페르모 데스데 아예르

☐ He estado enfermo desde ayer.

___월 ___일 ☀ ☁ ☂ ❄

설사를 해요.

떼고 디아레아
Tengo diarrea.

🎧 **음성을 듣고 따라 말하며 써 보세요.**

☑ Tengo diarrea.

☐ _____

☐ _____

📢 **이런 표현도 있어요.**

❶ 소화 불량인 것 같아요.

끄레오 께 뗑고 인디헤스띠온
☐ Creo que tengo indigestión.

_____

_____

❷ 속이 안 좋아요.

메 시엔또 엔페르모
☐ Me siento enfermo.

_____

_____

___월 ___일 ☀ ☁ ☂ ☼

하루에 몇 번 먹어요?

꾸안따스 베쎄스 알 디아 데보 또마를로
¿Cuántas veces al día debo tomarlo?

🎧 음성을 듣고 따라 말하며 써 보세요.

☑ ¿Cuántas veces al día debo tomarlo?

☐

☐

📢 이런 표현도 있어요.

❶ 두통약 좀 주세요.

데메 빠스띠야스 빠라 엘 돌로르 데 까베사, 뽀르 파보르

☐ Deme pastillas para el dolor de cabeza, por favor.

❷ 배탈약 좀 주세요.

데메 빠스띠야스 빠라 엘 돌로르 데 에스또마고, 뽀르 파보르

☐ Deme pastillas para el dolor de estómago, por favor.

 ___월 ___일 ☀ ☁ ☂ ☃

구급차 좀 불러주세요, 빨리요!

뽀르 파보르, 야메 아 우나 암불란씨아, 라삐도
¡Por favor, llamé a una ambulancia, rápido!

🎧 음성을 듣고 따라 말하며 써 보세요.

☑ ¡Por favor, llamé a una ambulancia, rápido!

☐ _____

☐ _____

🔊 이런 표현도 있어요.

❶ 팔이 부러졌어요.

메 롬삐 엘 브라소

☐ Me rompí el brazo.

❷ 다리가 부러졌어요.

메 롬삐 라 삐에르나

☐ Me rompí la pierna.

 ___월 ___일 ☀ ☁ ☂ ☄

사람 살려!

소꼬로
¡Socorro!

🎧 음성을 듣고 따라 말하며 써 보세요.

☑ ¡Socorro!

☐ _____

☐ _____

🔊 이런 표현도 있어요.

❶ 저 돈 없어요.

노 뗑고 디네로

☐ No tengo dinero.

❷ 소리 지를 거예요!

보이 아 그리따르

☐ ¡Voy a gritar!

제 친구가 다쳤어요.

미 아미고 에스따 에리도
Mi amigo está herido.

🎧 음성을 듣고 따라 말하며 써 보세요.

☑ Mi amigo está herido.

☐

☐

📢 이런 표현도 있어요.

❶ 그가 차에 치였어요.

아 씨도 골뻬아도 뽀르 운 아우또

☐ Ha sido golpeado por un auto.

❷ 못 움직이겠어요.

노 뿌에도 모베르메

☐ No puedo moverme.

247

_____월 _____일 ☀ ☁ ☂ ❄

교통사고가 났어요.

아 아비도 운 악씨덴떼 데 뜨라피꼬
Ha habido un accidente de tráfico.

🎧 음성을 듣고 따라 말하며 써 보세요.

☑ Ha habido un accidente de tráfico.

☐

☐

🔊 이런 표현도 있어요.

❶ 경찰 불러 주세요!

야메 아 라 뽈리씨아, 뽀르 파보르
☐ ¡Llame a la policía, por favor!

❷ 경찰서는 어디예요?

돈데 에스따 라 뽈리씨아
☐ ¿Dónde está la policía?

가까운 병원은 어디예요?

돈데 에스따 엘 오스삐딸 마스 쎄르까노
¿Dónde está el hospital más cercano?

🎧 음성을 듣고 따라 말하며 써 보세요.

☑ ¿Dónde está el hospital más cercano?

☐ _____

☐ _____

📢 이런 표현도 있어요.

❶ 가까운 경찰서는 어디예요?

돈데 에스따 라 뽈리씨아 마스 쎄르까나
☐ ¿Dónde está la policía más cercana?

❷ 약국 어딨어요?

돈데 아이 우나 파르마씨아
☐ ¿Dónde hay una farmacia?

긴급상황에서

감기	gripe	그리뻬
기침	tos	또스
열	fiebre	피에브레
소화 불량	indigestión	인디헤스띠온
화상	quemadura	께마두라
약국	farmacia	파르마씨아
약	medicina	메디씨나
아스피린	aspirina	아스삐리나
연고	pomada	뽀마다
진통제	analgésico	아날헤씨꼬
구급차	ambulancia	암불란씨아
도둑	ladrón	라드론
경찰	policía	뽈리씨아
교통사고	accidente de tráfico	악씨덴떼 데 뜨라피꼬
한국 대사관	Embajada de Corea	엠바하다 데 꼬레아
여권	pasaporte	빠사뽀르떼
휴대전화	móvil / celular	모빌 / 셀룰라르

 **국가별 응급 연락처**

✈ 스페인

대사관: C/ González Amigó, 15, 28033 – Madrid, Spain
TEL. +34-91-353-2000
긴급전화: 통합응급번호 112, 경찰 091, 화재 080, 의료 061

✈ 멕시코

대사관: Lope Diaz de Armendariz 110, Col. Lomas de Virreyes Del. Miguel Hidalgo, México D.F
TEL. +52-55-5202-9866
긴급전화: 통합응급번호 911, 의료 065, 경찰 066/088

✈ 아르헨티나

대사관: Av. Del Libertador 2395, Ciudad Autónoma de Buenos Aires
TEL. +54-11-4802-8865
긴급전화: 통합응급번호 911, 의료 107, 경찰 101

✈ 칠레

대사관: Av. Alcántara 74, Las Condes, Santiago, Chile
TEL. +56-2-2228-4214
긴급전화: 긴급의료서비스 131, 화재 132, 경찰 133

✈ 페루

대사관: Calle Guillermo Marconi 165, San Isidro, Lima
TEL. +51-1-632-5000
긴급전화: 통합응급번호 105, 화재 116

✈ 콜롬비아

대사관: Embajada de la República de Corea, Calle 94, No.9-39, Bogotá
TEL. +57-1-616-7200
긴급전화: 통합응급번호 123

미국

포르투갈　스페인

멕시코　　　쿠바

도미니카공화국

푸에르토리코

과테말라

온두라스

엘살바도르

니카라과

코스타리카　파나마

베네수엘라

콜롬비아

에콰도르

브라질

페루

볼리비아

파라과이

우르과이

칠레　　아르헨티나

「스페인어를 쓰는 나라」

나의 여행 플래너

여행 준비물 체크리스트

- ☑ 휴대용 가방
- ☐ 항공권 여권 비자(복사본도 준비)
- ☐ 지갑(환전한 돈, 신용카드)
- ☐ 호텔 정보 or 패키지 여행 일정
- ☐ 카메라
- ☐ 휴대폰
- ☐ 파우치(선크림, 휴대용 세면용품, 위생용품 등)
- ☐ 시계
- ☐ 선글라스
- ☐ 캐리어

- ☐ 카메라, 휴대폰 충전기
- ☐ 콘센트 어댑터
- ☐ 옷(여벌 옷, 실내복, 속옷, 양말, 수영복 등)
- ☐ 신발(슬리퍼, 운동화 등)
- ☐ 파우치(화장품 및 위생용품)
- ☐ 세면도구
- ☐ 비상약(두통약, 해열제, 감기약, 모기약 등)
- ☐ 우산
- ☐ 필기구

개인정보

이름	
생일	
국가	
전화번호	

여권정보

영문 이름	
여권 번호	
여권 발행일	
여권 만료일	

___월 ___일 ☀ ☁ ☂ ❄

나의 오늘은 _____ 날이다.

	스케줄	시간	장소
☐			
☐			
☐			
☐			

memo

지출내역

나의 오늘은 _____ **날이다.**

	스케줄	시간	장소
☐			
☐			
☐			
☐			

memo

지출내역

___월 ___일 ☀ ☁ ☂ ☃

나의 오늘은 _____ 날이다.

	스케줄	시간	장소
☐			
☐			
☐			
☐			

memo

지출내역

DAY 4

나의 오늘은 _____ 날이다.

	스케줄	시간	장소
☐			
☐			
☐			
☐			

memo

지출내역

DAY 5

나의 오늘은 _____ 날이다.

	스케줄	시간	장소
☐			
☐			
☐			
☐			

memo

지출내역

_____ 월 _____ 일 ☀ ☁ ☂ ☼

나의 오늘은 _____ 날이다.

	스케줄	시간	장소
☐			
☐			
☐			
☐			

memo

지출내역

___월 ___일 ☀ ☁ ☂ ❄

나의 오늘은 _____ 날이다.

	스케줄	시간	장소
☐			
☐			
☐			
☐			

memo

지출내역

트립 어드바이스   출국 가이드

✈ 출입국 수속 가이드

공항 도착

항공기 출발 2시간 전에 도착하는 것이 좋으나 미주 유럽 지역 현지 출발 항공편을 이용할 경우 2시간 이상 소요될 수 있어 더 여유를 두고 도착하는 것이 좋습니다.

탑승 수속

항공기 출발 40분 전까지 탑승 수속을 마칩니다. 수속 시에는 여권과 탑승권을 제출하여 예약을 확인한 후 좌석을 지정받고 짐을 부칩니다. 키오스크로 탑승 수속을 할 수도 있답니다.

세관 신고

고가품 및 금지 품목 소지 여부를 신고하는 절차입니다. 도난 우려가 있으니 귀중품은 소지하지 않는 것이 좋습니다.

보안 검색대

위험품 소지 여부를 검사하는 절차입니다. 작은 칼이나 가위 등을 지참하고 있더라도 검색대를 통과할 수 없으니 참고하세요.

이미그레이션

출입국 자격을 심사하는 절차입니다.

항공기 탑승

출국 수속을 마치면 항공기 시간에 맞춰 게이트를 찾아가면 됩니다. 시간이 남는다면 면세구역에서 쇼핑을 해도 되는데, 항공기 출발 30분 전에는 탑승을 하니 참고하세요.

✈ 나라별 짐 꾸리기 꼼꼼 노하우

- 스페인: 사계절은 한국과 같습니다. 봄, 가을은 한국과 기온이 비슷하고 습한 북부 해안 지방을 제외하면 대부분 여름에는 덥고 청명합니다. 하지만 지형에 따라서 기후가 다르다는 점을 주의하세요.

- 중미(멕시코, 과테말라, 온두라스, 엘살바도르, 니카라과, 코스타리카, 파나마): 사계절은 한국과 같으나 겨울은 한국보다 덜 추우니, 두꺼운 옷보다는 얇은 옷 여러 겹을 껴입을 수 있도록 준비하세요.

- 남미(아르헨티나, 칠레, 페루, 콜롬비아, 파라과이, 에콰도르, 우루과이, 볼리비아, 베네수엘라, 브라질 등): 사계절은 한국과 정반대입니다. 하지만 여름 여행이라고 해서 얇은 옷만 가져가면 안 돼요. 고산지대를 여행할 때는 기온이 많이 떨어지기 때문에 두꺼운 옷도 준비하세요.

✈ 나라별 입국 정보

- 스페인: 90일 무비자 체류 가능. 대부분 입국 심사가 별도로 이루어지지 않습니다.

- 멕시코: 180일 무비자 체류 가능. 입국 심사 시 귀국편 항공권을 확인하기도 합니다.

- 아르헨티나: 90일 무비자 체류 가능. 입국신고서를 작성하지 않아도 됩니다.

- 칠레: 30일 무비자 체류 가능. 입국 심사가 까다로운 편인데, 특히 농산물이나 동식물로 만들어진 제품 등은 절대 반입이 안 되므로 주의하세요.

- 페루: 90일 무비자 체류 가능.

- 콜롬비아: 90일 무비자 체류 가능.

- 볼리비아: 비자 발급 후 30일 체류 가능. 주한 볼리비아 다민족 대사관에서 비자를 발급받을 수 있습니다.

- 쿠바: 비자 발급 후 30일 체류 가능. 쿠바 대사관이 한국에 없으므로, 경유지나 출발지에서 미리 비자(여행자 카드 Tarjeta del Turista 따르헤따 델 뚜리스따)를 사서 입국하세요.

MEMO

MEMO

나의 하루 1줄 여행 스페인어 쓰기 수첩

초 판 발 행	2024년 05월 16일 (인쇄 2024년 04월 16일)
발 행 인	박영일
책 임 편 집	이해욱
저 자	SD어학연구소
편 집 진 행	권민서 · 박시현
표지디자인	조혜령
편집디자인	임아람, 채현주
발 행 처	시대인
공 급 처	(주)시대고시기획
출 판 등 록	제 10-1521호
주 소	서울시 마포구 큰우물로 75 [도화동 538 성지 B/D] 9F
전 화	1600-3600
팩 스	02-701-8823
홈 페 이 지	www.sdedu.co.kr

I S B N	979-11-383-6984-8 (13770)
정 가	15,000원

'시대인'은 종합교육그룹 '(주)시대고시기획 · 시대교육'의 단행본 브랜드입니다.